中国古代钱币

王 俊　编著

中国商业出版社

图书在版编目（CIP）数据

中国古代钱币 / 王俊编著. --北京：中国商业出版社，2015.10（2022.1 重印）

ISBN 978-7-5044-9111-4

Ⅰ.①中… Ⅱ.①王… Ⅲ.①古钱（考古）-介绍-中国 Ⅳ.①K875.6

中国版本图书馆 CIP 数据核字（2015）第 214288 号

责任编辑：朱丽丽

中国商业出版社出版发行

010-63180647 www.c-cbook.com

（100053 北京广安门内报国寺 1 号）

新华书店经销

三河市吉祥印务有限公司印刷

*

710 毫米×1000 毫米 16 开 12.5 印张 200 千字

2015 年 10 月第 1 版 2022 年 1 月第 2 次印刷

定价：25.00 元

* * * *

（如有印装质量问题可更换）

《中国传统民俗文化》编委会

序　言

中国是举世闻名的文明古国，在漫长的历史发展过程中，勤劳智慧的中国人创造了丰富多彩、绚丽多姿的文化。这些经过锤炼和沉淀的古代传统文化，凝聚着华夏各族人民的性格、精神和智慧，是中华民族相互认同的标志和纽带，在人类文化的百花园中摇曳生姿，展现着自己独特的风采，对人类文化的多样性发展做出了巨大贡献。中国传统民俗文化内容广博，风格独特，深深地吸引着世界人民的眼光。

正因如此，我们必须按照中央的要求，加强文化建设。2006 年 5 月，时任浙江省委书记的习近平同志就已提出："文化通过传承为社会进步发挥基础作用，文化会促进或制约经济乃至整个社会的发展。"又说，"文化的力量最终可以转化为物质的力量，文化的软实力最终可以转化为经济的硬实力。"(《浙江文化研究工程成果文库总序》)2013 年他去山东考察时，再次强调：中华民族伟大复兴，需要以中华文化发展繁荣为条件。

正因如此，我们应该对中华民族文化进行广阔、全面的检视。我们应该唤醒我们民族的集体记忆，复兴我们民族的伟大精神，发展和繁荣中华民族的优秀文化，为我们民族在强国之路上阔步前行创设先决条件。实现民族文化的复兴，必须传承中华文化的优秀传统。现代的中国人，特别是年轻人，对传统文化十分感兴趣，蕴含感情。但当下也有人对具体典籍、历史事实不甚了解。比如，中国是书法大国，谈起书法，有些人或许只知道些书法大家如王羲之、柳公权等的名字，知道《兰亭集序》

是千古书法珍品,仅此而已。

再如,我们都知道中国是闻名于世的瓷器大国,中国的瓷器令西方人叹为观止,中国也因此获得了“瓷器之国”(英语 china 的另一义即为瓷器)的美誉。然而关于瓷器的由来、形制的演变、纹饰的演化、烧制等瓷器文化的内涵,就知之甚少了。中国还是武术大国,然而国人的武术知识,或许更多来源于一部部精彩的武侠影视作品,对于真正的武术文化,我们也难以窥其堂奥。我国还是崇尚玉文化的国度,我们的祖先发现了这种“温润而有光泽的美石”,并赋予了这种冰冷的自然物鲜活的生命力和文化性格,如“君子当温润如玉”,女子应“冰清玉洁”“守身如玉”;“玉有五德”,即“仁”“义”“智”“勇”“洁”;等等。今天,熟悉这些玉文化内涵的国人也为数不多了。

也许正有鉴于此,有忧于此,近年来,已有不少有志之士开始了复兴中国传统文化的努力之路,读经热开始风靡海峡两岸,不少孩童以至成人开始重拾经典,在故纸旧书中品味古人的智慧,发现古文化历久弥新的魅力。电视讲坛里一拨又一拨对古文化的讲述,也吸引着数以万计的人,重新审视古文化的价值。现在放在读者面前的这套“中国传统民俗文化”丛书,也是这一努力的又一体现。我们现在确实应注重研究成果的学术价值和应用价值,充分发挥其认识世界、传承文化、创新理论、资政育人的重要作用。

中国的传统文化内容博大,体系庞杂,该如何下手,如何呈现?这套丛书处理得可谓系统性强,别具匠心。编者分别按物质文化、制度文化、精神文化等方面来分门别类地进行组织编写,例如,在物质文化的层面,就有纺织与印染、中国古代酒具、中国古代农具、中国古代青铜器、中国古代钱币、中国古代木雕、中国古代建筑、中国古代砖瓦、中国古代玉器、中国古代陶器、中国古代漆器、中国古代桥梁等;在精神文化的层面,就有中国古代书法、中国古代绘画、中国古代音乐、中国古代艺术、中国古代篆刻、中国古代家训、中国古代戏曲、中国古代版画等;在制度文化的层面，就有中国古代科举、中国古代官制、中国古代教育、中国古代军队、中国古代法律等。

此外，在历史的发展长河中，中国各行各业还涌现出一大批杰出人物，至今闪耀着夺目的光辉，以启迪后人，示范来者。对此，这套丛书也给予了应有的重视，中国古代名将、中国古代名相、中国古代名帝、中国古代文人、中国古代高僧等，就是这方面的体现。

生活在21世纪的我们，或许对古人的生活颇感兴趣，他们的吃穿住用如何，如何过节，如何安排婚丧嫁娶，如何交通出行，孩子如何玩耍等，这些饶有兴趣的内容，这套"中国传统民俗文化"丛书都有所涉猎。如中国古代婚姻、中国古代丧葬、中国古代节日、中国古代民俗、中国古代礼仪、中国古代饮食、中国古代交通、中国古代家具、中国古代玩具等，这些书籍介绍的都是人们颇感兴趣、平时却无从知晓的内容。

在经济生活的层面，这套丛书安排了中国古代农业、中国古代经济、中国古代贸易、中国古代水利、中国古代赋税等内容，足以勾勒出古代人经济生活的主要内容，让今人得以窥见自己祖先的经济生活情状。

在物质遗存方面，这套丛书则选择了中国古镇、中国古代楼阁、中国古代寺庙、中国古代陵墓、中国古塔、中国古代战场、中国古村落、中国古代宫殿、中国古代城墙等内容。相信读罢这些书，喜欢中国古代物质遗存的读者，已经能掌握这一领域的大多数知识了。

除了上述内容外，其实还有很多难以归类却饶有兴趣的内容，如中国古代乞丐这样的社会史内容，也许有助于我们深入了解这些古代社会底层民众的真实生活情状，走出武侠小说家加诸他们身上的虚幻的丐帮色彩，还原他们的本来面目，加深我们对历史真实性的了解。继承和发扬中华民族几千年创造的优秀文化和民族精神是我们责无旁贷的历史责任。

不难看出，单就内容所涵盖的范围广度来说，有物质遗产，有非物质遗产，还有国粹。这套丛书无疑当得起"中国传统文化的百科全书"的美誉。这套丛书还邀约大批相关的专家、教授参与并指导了稿件的编写工作。应当指出的是，这套丛书在写作过程中，既钩稽、爬梳大量古代文化文献典籍，又参照近人与今人的研究成果，将宏观把握与微观考察相结合。在论述、阐释中，既注意重点突出，又着重于论证层次清晰，从多角度、多层面对文化现象与发展加以考察。这套丛书的出版，有助于我们走进古人的世界，了解他们的生活，去回望我们来时的路。学史使人明智，历史的回眸，有助于我们汲取古人的智慧，借历史的明灯，照亮未来的路，为我们中华民族的伟大崛起添砖加瓦。

是为序。

傅璇琮

2014年2月8日

前　言

钱币文化是中华民族传统文化中的瑰宝。它经过几千年的发展历程，形成了具有东方色彩的货币体系，无论是钱币形式的演变，还是钱币制度的进步，都体现了十分鲜明的民族特点。钱币作为充当一般等价物的特殊商品，是商品生产的产物；作为人类文化艺术的综合载体，是人类聪明才智的结晶，是社会意识形态的凝聚。在社会发展的过程中，数量众多、品种丰富的世界钱币，有的虽然早已退出流通领域，但成为了“社会化石”，留下了丰富的文化艺术遗产，成为人类物质文明和精神文明的历史见证。

中国钱币文化，是社会精神生产的综合方式，是人类文化艺术创造的重要领域。它以钱币实物为主要载体，以文化显示为基本特征，以艺术表现为重要形式，系统地记录了中国古代物质文明和精神文明活动的历史，形象地反映了丰富多彩的大千世界。众多的中国钱币所蕴含的文化，融历史、政治、经济为一体，收社会、民俗、风情于一处，集科学、文学、美学于一身，范围广博，内涵丰富，形态多样，可谓是一片奇光异彩、琳琅满目的百花园和奇妙境界。从中国古代钱币中我们可以了解到地理、政治经济、国家民族、宗教民俗等深刻内涵，具有很高的历史、科学、人文、审美价值，更有特色的是，钱币体积很小，容量很大，正面、反面、侧面（边缘）、里面（材质），面面都有跨越时空、无所不包的内容，立体造型显示引申出的信息资料，是其他历史遗存的文物难以企及的。因此，中国古代钱币是多种文化的汇合聚集、多种艺术的体现，是一部形象化、艺术化、图文并茂、特色鲜明的百科全书。

需要说明的是，本书的写作并不是为了创立某种理论体系或著作体例，而只是向有兴趣的读者展示中国历史货币绚丽多彩的面貌，同时也想为拓宽这方面的研究领域，做一些浅近的尝试。一簇绿叶，一树枝丫，包含着大树的丰富信息，但无论它如何多彩多姿都不能等同于挺拔的参天大树本身。但是我们可以期望，通过对一枝一叶的描摹，能展现历史之树蓬勃向上的风采；通过对包含其中的文化基因的识别，能揭示历史之树历久常青的内在生机和活力。当然，由于编著者知识欠缺，能力不足，加上本书的容量有限，这里不可能穷尽所有，不足之处更是难免，只能是抛砖引玉、穿针引线而已。如蒙指教，本人更是万分感谢。

目录

第一章　追本溯源——古代钱币源起

第一节　揭秘神秘的古钱币 …… 2

认识钱币 …… 2

遥远的起点：贝与朋 …… 3

最早的金属钱币是铜吗 …… 6

第二节　古钱的独特气质 …… 9

几经更迭的钱币材质 …… 9

古代钱币有趣的名字 …… 15

钱币轻重自有道理 …… 24

古代钱币的铸造艺术 …… 30

第三节　古钱的钱文 …… 33

历朝历代钱文读法 …… 33

少数民族主要钱币的钱文读法 …… 34

第四节　古钱币趣味故事 …… 36

五彩缤纷数花钱 …… 36

中国古代名人观“钱” …… 41
古钱在民间 …… 44

第二章 历朝历代的古钱币

第一节 先秦钱币初长成 …… 56
钱币起源在先秦 …… 56
关于“太公九府圜法” …… 57
“抱布贸丝” …… 58
中国是世界上最早铸钱币的国家吗 …… 59
天时携地利，商业大潮来 …… 60
第二节 秦盛汉衰魏晋退 …… 64
秦始皇统一货币制 …… 64
汉初铸钱很自由 …… 66
汉武帝轻重理论破商贾 …… 68
由盛渐衰，王莽作怪 …… 71
魏晋乱世祸钱币 …… 74
第三节 隋唐钱币盛况 …… 77
隋文帝整顿币制 …… 77
唐高祖挑重担，“宝”钱通后世 …… 79
贵妃的甲痕 …… 81
第四节 两宋兴亡元独行 …… 82
极盛时期 …… 82

万贯铜钱可绕地球三周 …… 85
宋徽宗千古一绝"瘦金体" …… 86
南宋不敌北宋 …… 87
辽、金与西夏钱币 …… 89
纸币现苗头,元朝禁铜钱 …… 91
第五节 明清钱币兼行 …… 95
皇钞受阻解银禁 …… 95
私铸猖獗钱币乱 …… 96
以银为主,以钱为辅的清朝 …… 97
两桩疑案 …… 100
方孔圆钱退出历史舞台 …… 101
第三章 千呼万唤始出来的纸币
第一节 纸币的酝酿与产生 …… 104
质剂、傅别、里布 …… 104
辨券、皮币 …… 105
飞钱、便换 …… 106
从飞钱到纸币 …… 108
第二节 纸币的发展 …… 109
纸币的推广 …… 109
纸本位的元朝货币 …… 111
钱庄与票号 …… 114

第三节　纸币的艺术 …… 117
纸币与造纸术 …… 117
纸币与印刷术 …… 118
纸币上的文字与图案 …… 120

第四章　沙里淘今——中国古代钱币的鉴定

第一节　学习常识辨真钱 …… 124
鉴定钱币的基本依据 …… 124
鉴别中国古钱币的必备知识 …… 125
钱币鉴定有妙招 …… 129
第二节　各朝钱币的鉴定 …… 131
先秦时期钱币的鉴定 …… 131
秦汉时期的钱币鉴定 …… 133
魏晋南北朝钱币的鉴定 …… 138
隋唐五代十国的钱币鉴定 …… 143
两宋时期的钱币鉴定 …… 146
元明清时期的钱币鉴别案例 …… 151

第五章　雅俗共赏——古代钱币知多少

第一节　主要农民政权所用钱币 …… 158
现在可知的最早农民政权钱币 …… 158
元末农民政权的货币 …… 158

太平天国及当时其他农民政权所铸钱币 …………………… 160

第二节 少数民族钱币 …………………………………… 161

新疆及周边的古钱币 ………………………………………… 162

回鹘文铜钱 …………………………………………………… 163

察合台汗国货币 ……………………………………………… 165

西藏货币 ……………………………………………………… 165

第三节 多少“钱币”诗词里 …………………………… 166

古代诗词不离钱 ……………………………………………… 166

“钱”进名句带光环 …………………………………………… 171

中国汉语成语释“钱” ………………………………………… 174

名胜楹联也爱钱 ……………………………………………… 177

参考书目 ……………………………………………………… 182

第一章

追本溯源——古代钱币源起

人人都与钱打交道,天天都为钱东奔西跑,这样一个我们熟悉得不能再熟悉的必需品,或许你一定想知道"钱"究竟是怎么出现的?最早的"钱"是什么样的?钱币都有哪些独特的"气质"?当我们试图解答这些问题的时候,就会发现我们已被带到距今十分遥远的过去了。

第一节 揭秘神秘的古钱币

认识钱币

“钱币”一词有广义与狭义之分：广义的钱币泛指一切专门制造发行的充当一般等价物的特殊商品，主要有金属铸币和纸币，还包括厌胜钱、供养钱等。但贝、龟、珠、玉、石、骨、蚌、皮，以及牲畜、粮食、布帛等不是专门制造发行的所谓自然物商品货币，一般不属于钱币的范畴。狭义的钱币仅

商代金属铸贝

指作为货币主体的金属铸币，现代钱币学界一般持这种看法。

在《诗经·周颂》中，“钱”原指一种农具；在《国语·周语下》记载中，可以看出周景王要铸的“大钱”应该指的是铲形布币，到后来才引申出一般货币的含义。“币”在先秦原指用作礼物的帛，即“币帛”；或引申为礼物资财的通称，如“皮币”“珪币”等。但《国语·周语下》所载周景王时单穆公所说的“币”也应指货币。“钱币”连称且指代货币，始于《汉书·食货志》“议更钱币以澹用”。我们可以看出，在中国古代，“钱币”使用范围很广，几乎可以看作“货币”的代称。

从时间上来说，中国古代钱币至少始于商代金属铸贝的出现，结束于清末光绪时铜铸方孔圆钱被机制圆钱代替。中国货币起源于商代之前使用的货贝等自然货币，至于光绪以后方孔圆钱的出现，只不过是中国古代钱币的孑遗罢了。

遥远的起点：贝与朋

要想了解中国的货币，首先要解决的问题是最早的钱币是什么样子的，钱币史的起源等问题。那我们必须回到遥远的古代去。那个时代给人们留下的文字资料和文物资料都太少了，以致人们只能看到它的模糊影像。稍有政治经济学常识的人都了解：钱币—或称货币——是交换和贸易发展到一定程度的产物。所以，要追寻中国钱币史的起点，要弄清中国最早的“钱币”是什么模样，就必须先了解一下我国早期交换和贸易的发展情况。

“市”是古代进行交换和贸易的场所，一般把古代进行贸易交换的地点称为“市”并且在古籍中多有记载。《易·系辞》上说：“神农氏作……日中为市，致天下之民，聚天下之货，交易而退，各得其所。”《世本》说：“祝融作市。”《尸子》记载：尧时“宫中三市，而尧鹑居粝米菜粥。”这些记载说明我国早在夏商周以前就有“市”了。又有古籍讲舜曾亲自经商，死后葬于“南已之市”。这些记载的可信度和准确性难以确认。原因是这些古籍记载都是数百年以后春秋战国甚至汉代人所记述的，而如今并没有发现用当时文字（关于记录在陶器上的符号是不是文字则有待于进一步的考证）记录的文献。不过也不能完全否认这些文献，因为没有充分的证据。有确凿的考古资料证明，在尧舜禹时代存在初步的贸易交换。于是可以把探寻的脚步伸向遥远的

上古时代。

货币是贸易发展到一定程度的产物，但并不是随着交换和贸易的产生而产生的。“市”的存在为货币的产生提供了物质条件，即确定了货币产生的最早时期。但是只知道“市”的出现时期，还不能断定货币是什么时候出来的。要知道货币产生的时间，最便捷的办法还是先找到最初的货币。中国古代使用时间最长的货币是用铜制成的（包括布币、刀币等），据此可以推想在铜币产生之前，交换物可能是铜块（《盐铁论·错币》）。再往前追根溯源，祖先可能把贝当作货币。

根据文献记载，人们推想最早的货币是贝。司马迁在《史记·平准书》里提到夏朝曾使用“龟贝”作货币。另一西汉人桓宽则在《盐铁论·错币》中记载：“教与俗改，币与世易。夏后以玄贝……后世或金钱刀布。”文学家扬雄也讲：“古者宝龟而货贝，后世君子易之以金币。”晋朝人郭璞则说：“先民有作，龟贝为货；贵以文彩，贾（价）以大小。”他认为“先民”使用贝币，贝币的价值取决于贝的“文彩”，这种见解十分独到，但不知是否有根据。另外人们还注意到，中国字中凡与钱财有关的，往往包含“贝”字部，如财、货、贮、赏、赐、债、贸、贪、贫（买、卖、宝的繁体字中也包含“贝”）等，这说明在汉字最初产生时，人们在观念上已把“贝”与钱财密切地联系在一起了。

人们认为贝是最早的货币，一个有力的证据是有考古实物。在河南仰韶村、山西芮城等史前（新时器时代）文化遗址中，人们已经发现了贝。河南省偃师县二里头文化遗址被认为是夏代或稍早于夏代的历史遗存，考古学家在这一遗址内发现了天然贝和用骨头、石头制作的贝。在河南陕县七里铺、郑州上街等夏代历史遗存的考古发掘中，也发现了仿贝。发现贝数量最多的是商代历史遗址，如郑州白家庄的一个商代早期墓葬中，发掘出 460 多个海贝。在河南安阳被推测是殷王武丁配偶妇好的墓葬中竟发掘出 7000 枚海贝。这些考古实物说明贝很早就被广泛地使用。一般认为贝最早可能只是用作装饰品，成为交换货币是后来的事。

在清末云南地区出土的贝，成为早期先民将贝作为交换货币的距离我们最早的凭证。这不但见诸记载，而且为老人所亲眼目睹。我们虽然不能据此武断地讲我们的祖先一定使用贝作货币，但这一事实毕竟说明古人以贝为币具有极大可能性。

人们猜测贝是最早的货币也合情合理。通过资料得知，夏朝以前用以进行贸易和交换的“市”已经形成。并且考古资料表明，夏代的民间贸易已初具规模。例如在前面提到的河南偃师二里头遗址中，人们发掘出绿松石串珠及各种玉饰。安阳殷墟周围的商代墓葬中，也发掘出龟甲、鲸鱼骨、玉饰等。

这些物品兴产于我国的西部和东部的边远地区，后来由于交换和贸易，才出现在产地之外。从考古发掘中得知，夏代我国已经进入青铜器时代，手工业发展水平提高，这势必要促使交换和贸易进一步发展。

从考古发掘看，贝在当时是一种重要的装饰品，还可能用来辟邪，具有较高的使用价值。它又可分（单个）可合（联成串），若在交换和贸易中作为媒介，有便于携带、计价、坚固耐久等优点。

综上所看，贝作为最早的货币是很有道理的，除中国之外，世界上有一些国家，比如印度在古代也曾用贝作为货币。

这里应当注意的是，我们祖先作为货币的贝是一种叫作齿贝的贝，它有亮丽的花纹，明亮的色泽，形象极具观赏价值，因此才可以为人所重视，当作饰品挂在脖子上。

古代贝作为货币，但并不是以单个贝为计量单位。贝作为货币虽然较早，但其被普遍应用则是在商代和周代前期。通行于商周时期的甲骨文和金文曾多次提到“贝”，其中“贝”常被当作君主赏赐下属的物件。

金文、甲骨文文献中记载贝，大约有两种情况：一是直接讲若干贝，另一种则讲贝若干“朋”。刻于西周前期文物青铜器“遽伯哀彝”上的铭文记载遽何哀“用贝十朋又三（四）朋”。这段文字不但表明贝在西周时已成为货币，而且说明朋是贝的计量单位。

对“朋”的记载，目前所发现的最早始于金文，甲骨文，在先秦文献中也有零星记载。如《诗经·菁菁者我》中写道“既见君子，赐我百朋”。那么朋是怎样的单位？朋和贝怎么换算呢？

“朋”和“贝”是怎么换算的呢？根据记载，汉代有两种说法：一为一朋等于二枚贝；一为一朋等于五枚贝。后人对这两种说法颇为怀疑，因为从金文“朋”字的几种不同写法可以推断：一、一朋所包含的贝数应当是双数的，所以说一朋是五贝不妥；二、一朋似包含两串贝，每串的数目应不止一个，所以说一朋为二贝也不准确。

清代国学大师王国维凭借自己对古代文物的研究，认为每朋为十贝。后

来的考古证明此种说法是准确的，亦有人从青铜器铭文中推算出一朋为十枚贝。郭沫若曾写诗赞扬王国维：“宝贝三堆难计数，十贝为朋不模糊。”

今天的人们一般只知道，“朋”的引申义即“朋友”，其本意基本（即最早的货币单位）被淡忘了。

最早的金属钱币是铜吗

我们知道了中国最早的“钱”是贝，那后来的金属货币又是起源于何时呢？

对此《史记·平准书》有如下一段记述：“虞夏之币，金为三品，或黄（金），或白（银），或赤（铜）；或钱，或布，或刀，或龟贝。”《管子·山权数》则记，夏禹“以历山之金铸币”，商汤“以庄山之金铸币”。《竹书纪年》也记商汤在位的第二十一年曾“铸金币”。

另外，《逸周书·克殷解》《六韬》《吕氏春秋》《淮南子》《史记》等古籍上都记述，周武王灭掉商朝进入其都城段时，曾“振（一作“散”）鹿台之钱（一作“金钱”）”。这些古籍的作者虽然生活在不同的朝代，但都在书中写到金属铸币在夏商时期已经发现，但可信度有待考证。《史记》中记载，夏代不仅有金银，亦发现了钱，这一记述遭人怀疑。所以不能推定夏商时期是否有金属铸币的存在。

关于古代灾年铸币的说法在先秦时期典籍中常有记载，如《国语·周语》记周大夫单旗说：“古者天灾降戾，于是乎量资币（指铸币），权轻重，以振救民。”而《管子·山权数》记，夏禹在位时因五年水灾，便组织人们“以历山之金铸币”，所铸的金币分发给因没有饭吃而把子女卖了的贫苦人家，帮助他们赎回子女。由于商汤在位时一连七年旱灾，“汤以庄山之金铸币”，为的是帮助别人。

《竹书纪年》载：“殷商成汤二十一年大旱，铸金币。”《周礼·司市》中也讲：“国凶荒、札（札，指瘟疫流行）丧，则市无征而作布（按指布币）。”《盐铁论·力耕》也有类似的记述。从历史典籍看，灾年铸币在先秦至汉代时期十分流行。

有人认为帝王在灾年铸币，为的是用这些钱币与别国交换粮食，即用手工业产品来弥补农业生产的损失。

中国从夏朝就已进入了青铜器时代，从后来出土的夏代文物可以看出此时所铸造的青铜器十分精美。商代是我国青铜器的鼎盛时期，著名的司母戊方鼎，重675千克，做工精细、雄伟壮观，达到极高的工艺水平。在出土的商代青铜器中，不仅有礼器、饮食用具、武器，还有数量可观的工具，如斧、锯、铲等。

还有一种说法是铜块在夏商时期曾作为货币使用，但这种说法没有出土文物作为证明。现在考古证明周代确实曾把铜块作为货币使用。

在如今的考古挖掘中，不仅发现了大批量的天然贝，亦发现大批用不同材质做成的假贝，这些假贝因所用材料不同，被称为陶贝、骨贝、石贝、玉贝等。这些仿制的贝与天然海贝一起，都作为货币使用。另外，用特殊材料“铜”制成的贝，亦作为货币使用。

1953年，在安阳大司空村商代墓葬中发现了铜贝3枚；1971年，在山西保德县林遮峪村殷代墓葬中又发现了109枚铜贝。后来出版发行的“钱币珍品系列纪念章”第一套第一枚就是专门纪念铜贝的。但商代距今历史久远，能保留下来的文物是极其有限的，目前发现商代铜贝的只有这两处遗址，因此要证实商代确曾以铜贝作过货币，证据尚不充足。

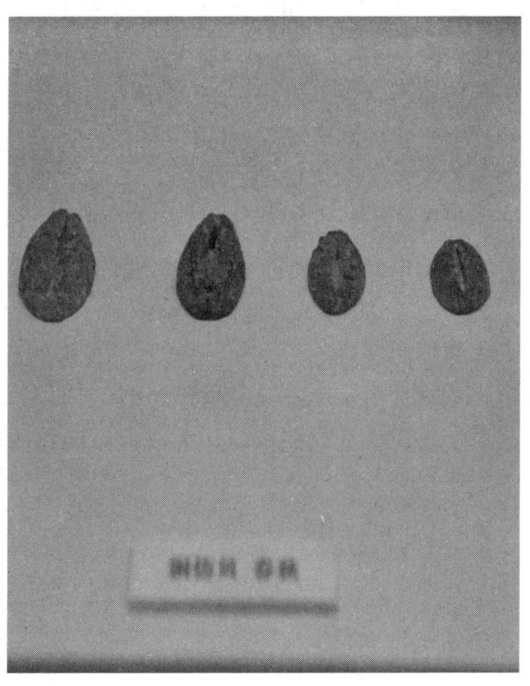

古代铜贝

到目前为止发现的周代铜贝数量较多，比如，山西侯马上马周代墓群先后发掘出铜贝2100余枚。周代青铜器铭文中还有“易贝卅寻”记述，其中“寻”据考证是计量金属的重量单位，据此推断，该铭文讲的贝是指铜贝。考古专家通过对青铜器“智鼎”上的铭文考据，认为此铭文讲述了用100寻铜贝买下5名奴隶的故事。货币由自然贝演进到铜贝，符合历

史发展规律，因为这则铭文表明当时的铜贝已具有了价值尺度。

周代铜礼器中时常发现一个带“贝”子旁的汉字，不同的人将它释为不同的字，如“债”“赋”“货”等，并且认为该字在当时用以指代铜贝。根据史料周代有些地方是曾以铜贝为货币的。那么，这些地方的这种做法是不是沿用殷商时期的旧办法呢？人们通常将货币称为“钱币”或“钱”，那“钱”的最初的含义是什么呢？经考察，令人惊讶的是，钱的本意竟是指一种农具。《诗经》中的“命我众人，庤乃钱、镈（我命令我手下的农奴们，准备好你们的钱和镈）”就提到了钱这种农具。但是农具和钱币如何能联系在一起？其实答案显而易见，布币的形状如同铲子一般，在早期形态中甚至还有装木柄的地方。将布币直接称为钱在古籍中非常少见。

有人解释说：钱与镈原本是同一事物的两种称呼，都是指耕地用的铲子，而镈、布古代同音互用，“钱”最初字形是“泉”，古字形与铲子（即布币）近似，所以布币就是指钱币。这样解释虽然无法让人信服，但也不无道理。如果我们认为这种说法是正确的，那么据此推断布币应是一种较早发现的货币，现今考古发现的布币大都是春秋战国时期的文物，那么有没有更早时期的布币呢？

1953 年考古学家在河南安阳殷墟发现了一枚宽约 10 厘米、长约 20 厘米的青铜铲；1976 年在陕西临潼县一处西周遗址处，又发现了一枚与河南安阳殷墟青铜铲大小接近的青铜铲。这些发现使人联想到 1964 年在晋南地区发现的一件周代文物，它形状像铜铲，但只有 13 厘米，比上述二枚青铜铲要小。

人们据此三把青铜铲联想到周时名为“作册卣”的青铜器铭文中提到“贝”“布”的情况，继而想到记载于《右泉汇》中的长 16 厘米的布币。有人大胆揣测：这些青铜铲个头小于实用的青铜铲，又大于后来发现的铲状布币，这就是由实用农具向货币过渡的中间形态——“原始布”。假如这个论断是可信的，那么我们可以认为商代后期和西周时期就有布的使用。

第二节 古钱的独特气质

几经更迭的钱币材质

货币是社会经济的产物，也是民族文化的结晶。从遥远的货币出现的源头，到货币流转演变的漫漫长河，货币作为固定充当一般等价物的商品，总是物化在一定的对象物上，以一定形态的物质为载体。“货币天然是金银。”担当货币职能的物质材料的确定，仿佛是某种自然生成物被人们认识和加工的结晶。一个名族一个社会的经济运动和文化环境造就了货币币材本身有着丰富而深刻的文化内涵。

1. 原始货币：珠玉龟贝

一般而言，社会历史学家和政治经济学者都认为，商品交换和货币产生是与农业和手工业的分离密切相关的。原始社会末期。一方面，随着农业、畜牧业，特别是以冶铜业为代表的手工业的发展，社会分工不断深化，使商品交换不仅成为可能而且越来越必要。另一方面，一夫一妻制的家庭在父权制社会不断出现，生活用品、生产工具等相继成为家庭私有财产。这就为货币的诞生奠定了经济基础。但是，根据考古发现和研究成果，货币产生于手工业的独立发展和家庭的出现。在原始社会中后期，氏族部落之间在物质资料生产不合格的情况下已经出现了交换，所以会出现这种情况。

一般的货币史著作都把贝作为中国最早的货币。其实，古代货币定位于一种或少数几种商品，经历了漫长的发展过程。中国古代文献对此的记载十分简略，但多少还是能够找出一点痕迹的。

《管子》是这样来描述货币起源的：玉起于禺氏，金起于汝汉，珠起于赤野，东西南北距周七千八百里，水绝壤断，舟车不能通。先王为其途之远，其至之难，故托用于其重，以珠玉为上币，以黄金为中币，以刀布为下币。

据《史记·平准书》记载："农工商交易之路通，而龟贝金钱刀布之币兴焉……虞夏之币，金为三品，或黄，或白，或赤；或钱，或布，或刀，或龟贝。"差不多与其同时的桑弘羊则说："币与世异，夏后以玄贝，周人以紫石，后世或金钱刀布。"由此大致可以窥见货币兴起的脉络。这里提及的有珠玉（石）、龟贝、金及金铸品（刀、布、钱），其中珠玉龟贝比金属要早。

在中华民族历史上，珠玉作为精美而贵重的装饰材料，很早就已出现。珠，从广义来讲指用玉、骨、石等制作而成的圆形饰物，不仅仅指天然的蚌珠。《尔雅》《说文解字》注释，"玉之圜者"为珠，"故字从玉"。玉，乃"石之美者"，为晶莹剔透、色泽亮丽的各种辉石、透闪石、阳起石。它既是制作器具的材料，也可以指用玉雕凿制成的器物，但一般特指垂璧。玉璧是古代最常见的装饰品，它呈圆环形，中间有圆孔。玉璧从装饰品演变成原始的货币，成为财富的象征，这从已出土的文物可以看出来。

珠玉作为中国古代货币的最早起源之一，对数千年的中国货币文化有着深远的影响。珠玉因其晶莹剔透，色泽纯净，宁碎不弯等优良品质为人们所喜爱。因此，人们不仅赋予其美满、平安等美好含义，亦抽象出"五德"——仁、义、智、勇、洁。玉璧和玉琮的制作取决于天地，因此造型为方圆成环，自成一体，无限循环。玉璧和玉琮的造型亦反映了先民对于宇宙的初步认识。玉器作为财富的象征，被人为地赋予了映射尊卑不等、秩序不等的含义。所有这些含义都在此后中国货币的材料、形制、制度中，或多或少地得到了延续。

进入殷商和西周，因为货贝、金属铸币相继出现，珠玉的货币职能日益衰退，但上层统治者仍在使用。但是，其货币功能是初级的和不完善的。玉璧有其自身材质方面的弱点，即质地差别大，难以计量、分割、易碎，随着社会经济的发展，战国后期逐渐退出流通。

知识链接

另一种货币——龟贝

龟与贝并称在很多文献中都有记载，并且二者之间可以兑换。但是因为龟的生长期极长，数量有限，因此在作为财富宝藏及作为货币在流通中有十分明显的劣势，不能与玉璧、货贝等相提并论。关于货贝作为一般等价物的事实，有殷墟甲骨卜辞和商周青铜铭文的大量记录，而且古代文献中也有颇多记载，考古发掘的实物更提供了有力的实证。

在中国古代，贝作为一般等价物广泛应用占据了较长的历史年代。

货贝出产于印度洋和中国南海沿海和乌礁附近。从考古发现看，在台湾、海南岛、西沙、南沙群岛通往长江、黄河流域的交通线上，至今尚未发现以货贝作货币的地区。而自缅甸、印度至中国云南、贵州、四川、湘西，则长期以货贝为货币。这说明上古中原地区的货贝来自印度洋。贝的输入，主要通过纳贡、俘获、交易三个途径。但是，这种外来的货币材料总是难以满足需求，特别是随着商品经济的发展和交易行用范围的扩大，海贝不敷应用，便出现各种仿制贝。人们主要把石、玉、骨、蚌壳作为仿贝的材质，后来又有了金属仿贝。

玉璧

当然，珠玉龟贝只是在商

品经济一定发展阶段，担当某种货币职能的物质实体，还不是完全意义上的货币。除了珠玉龟贝外，牲畜、毛皮、布帛和各类石制工具、金属工具，都曾在这一时期充当过一般等价物。当然，其中居于主导地位的是贝。因为贝质量划一，易于计数，便于携带。汉语中有很多字以“贝”作为偏旁部首，这些字多与财物有关，可见贝对中国古代的货币文化有着深远的影响。

2. 金饼与金块

《管子》记载“以珠玉为上币，黄金为中币，刀布为下币”，司马迁《史记》说“金有三等，黄金为上，白金为中，赤金为下”，《汉书 · 食货志》进一步指出，“太公为周立九府圜法，黄金方寸而重一斤”，都肯定周代以黄金为货币，并且在多元的货币体系中居于重要地位。进入秦汉时期，珠玉退出货币行列，黄金法定作为上币。

从考古资料来看，商代很少使用黄金，至今发现的黄金只是用于装饰，包括铜器的包金、鎏金，以及各式金片、金叶，而较为完整的成形金饰器极为罕见。这可能是因为人们对黄金的性质和用途尚未完全认识，对黄金的采集、冶铸还缺乏经验。西周时期，黄金的使用增多：一是用于祭礼，包括制作礼器和作为享献的祭品；二是用于装饰，包括制作饰品和用于装饰车马、仪仗、刀剑等，以示珍贵。

到了战国时期，黄金使用的数量大大增加了。根据先秦典籍记载，黄金在各个方面得到应用，举凡朝贡、赏赐、馈赠、献礼、处罚、赎罪、聘问、贿赂、交易、清偿等大宗支付，均使用黄金。其中以《战国策》对黄金使用的记载最为丰富，据统计有53条，其中不乏买卖交易的记录。例如《韩三》篇说韩国标卖一位美人，“美人之贾贵，诸侯不能买，故秦买之三千金”。《燕三》篇说燕太子丹“得赵人徐夫人之利匕首，取之百金”，荆轲就用这柄匕首去行刺秦王。在这里黄金不仅可以标价，而且作为了购买的支付手段。

3. 铜贝、铜器、青铜块

铜开始作为一般等价物大约始于商朝后期。

中国铜货币的另一重要起源，是青铜农具和工具。这些金属工具具有一定的使用价值和价值，在交换的过程中逐步取得货币性，成为实物货币。

商周铜贝钱

在铜铸币诞生之前，铜还作为一种称量的货币，它是以青铜块的形式存在的。自20世纪70年代以来，长江下游地区（春秋时吴国领地范围）接连数十次出土青铜块。这些青铜块均由青铜饼击碎而成，大小不一，形状不规则，断裂面上留有击、凿等人为硬性破碎的痕迹。根据技术测定，这些青铜块具有较高的含铅量，平均达到39.2%。这表明这些青铜饼（块）是人工配制的，而非自然的共生矿冶炼而成。其高铅微锡，不能用作青铜器的原材料，也与现存吴国青铜器的金属组成和金相结构不相吻合。相反，其合金配比与先秦某些青铜铸币，如燕国刀币、楚国蚁鼻钱极为相似。较为符合情理的解释是，大量掺杂廉价的铅，无论在原料上还是冶炼上都有利于降低成本，便于分割，而不必像制作铜器那样要求强度、硬度和表面色泽、光洁度。此外，这些青铜块由饼状整体敲碎而成，但没有一处可以拼合复原为饼形整体，且同一坑、同一罐的青铜块，其合金成分有很大差异。这说明，这些青铜块在入土前已经发生过交换转移。因此，青铜块在西周至春秋时期作为金属称量货币得到了多数货币史研究者的认可。

由于历史原因，中国古代货币长久滞留于铜本位状态。中国社会的周期性震荡和作为基本生产资料的土地的兼并与重新分割，阻碍了农业生产力水平的提高，致使货币经济无力攀登贵金属本位的台阶。商品经济的抑制，商

业、手工业对官府的依附，以及国家财政对货币铸行的控制、对铸币利益的垄断，也使银货币的行用受到多方面的阻止。对广大束缚于落后生产方式的小农来说，其低下的经济收入水平和消费水平，与低值铜货币有着天然的联系，他们只祈求铜钱币值的稳定不致影响生计，而对不属于自己的金银持敌视的态度。所有这些，使得中国几千年的铜钱铸行艰难前行。

4. 冒充铜钱的铅钱

铅原来是配铸青铜的辅助材料，价值不高，质软而易磨损，且来源多，熔点低，易于私熔私铸，本身并不具备铸造流通货币的资格。最初的铅币，如战国时期的铅基铜合金币，即含铅很高的刀、布、贝币，很可能只是原料限制或熔冶时未能做分离、提纯处理。但也不能排除造币者故意增铅减铜，以谋取更多的铸币利益。这在历代钱币中都能看到，例如战国时燕的“益昌”“襄平”铅布，新莽时的铅“货钱”，南朝梁的铅“五铢”，南朝陈的铅“太货六铢”，隋末的铅“五铢”等，均为低铜高铅、名铜实铅之钱。在汉代允许民间铸钱的时候，明确规定铜锡可以铸钱，而铅铁则不可以。“法使天下公得顾租铸铜锡为钱，敢杂以铅铁为它巧者，其罪黥。”但民间违法混铸铅铁钱者绝不在少数。总之，铅钱通常只是混杂在铜钱中，被当作铜钱使用，不具备独立流通的货币性。

5. 代替铜钱的铁钱

铁钱是中国方孔圆钱货币体系的又一重要分支。它与铅钱有所不同的是，铅作为铜铸币的辅助材料，在开始时以冒充铜钱的形式参与流通，而铁却不能与铜相熔合，且铁铸品与铜、青铜铸品的性质、外观差异较大，容易辨别，特别是铁钱容易生成铁锈，难以与铜钱相混淆。所以铁钱在与铜钱混用之外，也以独立的身份进入货币流通领域。但是，铁与铅一样，就铸币来说是一种贱金属，价廉而易得。铁钱的铸行，同样只是铜钱的替代和补充，或是因为铜料匮乏，或是亟须弥补财政的空洞，或是防止铜钱和铜斤的外流。因而铁钱的行用，并不是要取代铜钱，要变革货币制度，恰恰相反，它的目的是辅助铜钱维持滞重的货币体系。

开元通宝铁母钱

6. 从银布币到银钱

白银与黄金质地稳定，色泽亮丽，易保存、切割，由于这些优点常被人作为财富而收集，并且因其优良的特性亦被当作货币使用。并且古人赋予黄金与白银种种神秘的功效，认为黄金与白银分别象征太阳和月亮。白银与黄金作为一般等价物出现于原始社会末期。此后，便成为我国古代货币体系的重要组成部分。

古代钱币有趣的名字

1. 贝

贝作为我国夏、商、周三代的主要货币，也叫作贝货或贝币。因为贝类动物行动迟缓，容易捕食，而且贝壳不臭不腐，易于长久保存，并且有小巧玲珑的美丽外形，除此以外，生活在内陆地区的先人们以狩猎、采集为生，依靠“渔”得到的贝也因其稀少而更显珍贵。因此，贝最终能成为币的首选

物。一个人拥有贝的多少，也表示了其拥有的财富及其社会地位。人们之所以选择贝作为钱币，一方面表示对上天的感激之情，另一方面也表现了人们对自然界的崇拜。

2. 刀

刀，也称刀布、刀币，属于春秋晚期到战国时期铸造发行的以刀为形的流通钱币。在许慎《说文解字》中注释为：“刀，兵也。”表明刀是一种兵器。春秋战国时期，诸侯割据，周室不稳。为了争夺财富、人口、土地及对其他诸侯国的支配权，各个诸侯不断进行兼并战争。武器是战争中的必备品，要想在战争中取胜，就要有一定数量的重兵武器。兵器成了威力、权势的象征，自然就成为人们的崇拜物，因此按照兵器的形状，铸造了流通钱币。首先铸造刀币的是齐国，赵国燕国也是铸行刀币的重要国家。在先秦诸子的文章中，就有许多关于刀币流通使用的文字记载，可见其影响之大。刀币兴起于战乱频繁的春秋战国时期，流通于当时拥有锐器重兵的赵、燕、齐等诸侯国，充分体现了当时的武力崇拜意识。齐国的刀币体大厚重，制作精良，文字一般3—6字，面文字体工整挺秀，上书“齐法化”“即墨之法化”等字。较尖的钱币被称为尖首刀，铸造工艺精细，刀身多有简单的符号和文字。燕国大量铸行的是明刀，此类刀上都铸有文字，一般被解释为“明”，所以称之为明刀。有的明刀刀身背部呈折线状，称磬折刀，磬折刀的制作工艺较差。有的明刀刀身背部呈弧状，因而称之为弧背刀或圆折刀。赵国的刀币刀身较直，刀首圆钝，形体轻薄，被称为直刀或圆首刀。除此之外，还有学者认为，当时中山国和北部少数民族山戎族也曾铸有刀币。

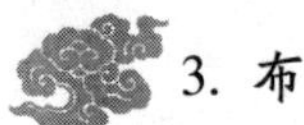

3. 布

“氓之蚩蚩，抱布贸丝。”（出自《诗经·卫风·氓》。）这里所说的“布”属于春秋战国时期的一种青铜铸币的名称。那一时期，镈作为重要的生产工具，在农业用途上，极大地推动了农业发展，提升了生产力，带给务农的先民们许多物质财富。镈被先民们视为赖以生存的圣物，象征了财富。于是用青铜铸造的镈形钱币——“布”就出现了。布币在西周时期已经出现，到了春秋战国时期，又发展出多种形态的布币。最早的布币未脱离农具原型，厚

重粗糙，其后的布币分为平首布和空首布两大类。空首布相对来说时代较早，大约使用于春秋时期，“空首”是说这种布币的首部“中空”，也就是说上部有一个像铲子大小的空穴，可安插木柄。根据布币下部的“足”再来划分，空首布有两种，分别为尖足空首布、弧足空首布。弧足空首布的足部向上呈弧形，主要在河南洛阳地区作为货币在市场上流通。尖足空首布两足尖，分为桥足布、方足布、圆足布、尖足布等。两省上耸，布首长的是桥足布，主要在山西晋国故地流行。方足布足部呈方形，为赵、魏、韩及周王室、燕等地货币。圆足布特点是圆肩、圆足、圆裆，还有的圆足布上有三个孔，被称为三孔布，圆足布应属于战国晚期赵国的货币。尖足布足部呈尖角形，同样属于赵国一带的货币。在战国时期，主要流通的是平首布，随着其货币性质的增强，其仿形性简化了，原“空首”的携带不便，且铸造费工费料，所以改为铸平板状、不中空的“平首”形。平首布因为中间的形状很像拱桥的桥洞形状而得名，币面文字大多有重量单位，其肩或平或圆，所以又称之为布，是魏国一带的钱币。此外，属布币类的还有魏国的锐角布和楚国的当布等。有的布币分大小三等或二等。布币上多有铭文，或为记重，或为记地，或为记干支、记数。布币的出现体现了先民对劳动和经验的崇拜。

知识链接

孔方兄的来源

“孔方兄”的含义来自魏晋时期鲁褒所著的《钱神论》。晋人鲁褒为人耿直，他对统治者的骄奢淫逸、贪婪深恶痛绝。鲁褒著书《钱神论》对金钱在社会中的作用及其与权势结合产生的社会状况败坏进行了细致的描述，并极尽嘲讽之能事，人们对金钱“亲之如兄，字曰孔方。失之则贫弱，得之则富昌”。于是，“孔方兄”和“孔方”成了钱的代名词。有文学作品曾这样写道：“秦参政把那许亲的心肠冷了五分，也还不曾决绝，只是因看他‘孔方兄’的体面，所以割不断这根膻肠。”

4. 圜

秦国钱币

圜钱是战国时期周及韩、赵、魏、秦等国的一种铸币，也叫作圜货、圜钱。圜钱的形状是仿照古代纺轮所制，起初为圆孔圆钱，后秦始皇统一币制，将圆孔改为方孔。因此，秦代的统一货币就是外圆内方的圜钱。圆孔圜钱最常用的是秦国铸的“重一两十四铢”和“重一两十二铢”，魏国的“共”字钱、“垣”字钱，以及战国所封的两个小国所铸的“西周”和“东周”钱等。秦国的半两钱，齐国的四化、六化和燕国的明化钱、明四钱、一化钱等都是外圆内方的形状。“圜”的本义指天道、天，货币作为财富的象征以“圜”为名，表达了对天或对天道的崇敬。除此之外，圜钱内方造型代表周正无缺的大地，因此，圜钱的造型与天圆地方的宇宙观相吻合。圜钱的内方外圆既有圆满、和谐、生命的意义，又象征了朝廷一统天下，疆土万里。

5. 阿堵物

在《晋书·王衍传》中，讲述了王衍以说金钱为耻的趣事：王衍是魏晋玄学清谈家的代表人物、西晋名士，他一向不论世事，为人清高，耻说金钱，喜谈老庄。他的妻子曾经多次逗他说“钱”，但都没有成功。一天夜晚，王衍妻趁王衍熟睡后，悄悄命令下人在床的周围放了许多铜钱。她想王衍起床后因无法行走，必会说出“钱”字来。没想到第二天早晨，王衍见到床下的铜钱，就把婢女唤来，指着床前的钱，说：“举却阿堵物（拿走这个东西）。”“阿堵物”是当时的口语，意思是这个东西。由于这件趣事，“阿堵物”成为钱的别称，但略带讽刺、嘲讽的意味。

6. 泉

泉是钱币的总称。又有泉金、泉币、泉布、泉刀、泉货之称。古人将钱称为“泉”，代表了古人希望金钱能像生生不息的泉水一般到来。此处泉有两

种含义：一是泉水有四处流通的意思；二是古人期盼财富取之不尽，用之不竭。《辞源》中记载："布，泉也。布，读为宣布之布。其藏曰泉，取名于水泉，其流行无不遍。"由于"泉"将人类最热忱朴素的那种渴望财富的感情汇聚起来，所以这个词汇从先秦一直沿用下来，如青州从事来偏熟，泉布先生老渐悭。（出自唐·韦庄《江上题所居》）梁代乃置租庸使，专管天下泉货。（出自《旧五代史·卷一百四十九·职官志》）"泉"这一别称流传至今，人们把古币收藏爱好者称为"泉友"，钱币收藏界称为"泉界"。

7. 上清童子

上清童子是古钱的雅号。这一雅号来自《太平广记》的一则传闻。《太平广记》记载，唐朝贞观年间，岑文本在山亭避暑，一天正在午睡，忽听见敲门声，开门见到一个自称是"上清童子元宝"的年轻道士来访。大为疑惑的岑文本急忙命令仆人就地挖掘，掘地三尺发现一古墓，墓中只有一枚古钱，恍然大悟"上清童子"为钱币的别称，"元宝"为钱之文。从此以后，人们便把"上清童子"作为钱的雅号了。

知识链接

青蚨还钱的典故

青蚨是远古时期的一种带有神奇色彩的昆虫。青蚨一子一母居住，孩子出门时，母亲将血抹在孩子身上，不管它飞到哪里都能飞回家，回到母亲的怀抱。《淮南子·万毕术》"青蚨还钱"记载：把这种叫作鱼伯的虫抓来后，用子虫的血涂满八十一枚硬币，另外再取母虫的血涂遍八十一枚硬币，涂完之后，把涂了青蚨母虫血的八十一枚硬币拿去买东西，而将涂了子虫血的硬币放在家中，很快人们就惊讶地发现，花掉的钱会悄悄地一个一

个地飞回来。如此一来，人的钱就可以永远花不完。后来人因为此典故，将“青蚨”作为钱的别称。有诗文曰：“倘有四方明医，善能治疗者，奉谢青蚨十万。”

8. 邓通

“邓通”也是钱的别称，始于西汉时期。据说，邓通是汉文帝刘恒的一个宠臣，起初是黄头郎，后被提拔至上大夫，文帝非常宠信他，经常赏赐给他很多金银财富。当时有一个给邓通相面的巫士说他会因贫困饥饿而死。汉文帝得知这件事以后，便将蜀都严道铜山赏给他，并且打破规矩准许其私自铸

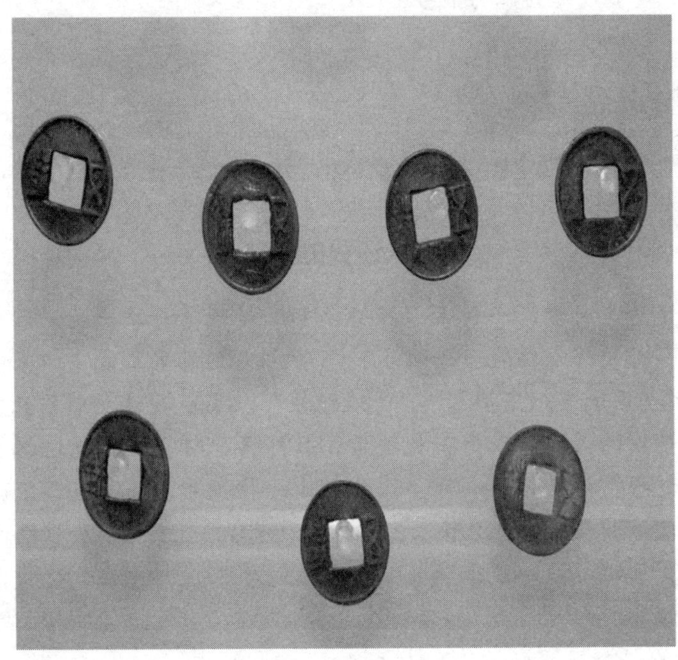

五铢钱

钱，认为如此一来邓通就能一辈子衣食无忧。由于邓通铸了无数钱币，几乎在天下间流通，有“邓氏钱布天下”的说法，所以“邓通”也自然而然成了钱的别称。有诗文曰：“富贵必因奸巧得，功名全仗邓通成。”

9. 五铢

铜质币，中间有方便穿成串的方孔，每枚重量为五铢，圆形，所以称为“五铢钱”。在汉武帝元狩元年（122 年）开始铸造，流通时间较长，直到唐代高祖武德四年才废止。

10. 契刀

铜质币，形状很像直刃刀，刀柄末端的穿孔是正方形的，居摄二年(7 年)西汉王莽摄政时铸造，每枚值五铢钱文。

11. 错刀

大小形状与契刀完全吻合，同样是王莽执政时期铸造，刀上镌有“一刀平五千”五字，“一刀”两字是用黄金镶嵌，所以又叫作“金错刀”，每枚值五铢钱文。

12. 铁钱

铁质币，始铸于汉代，其后的五代、南北朝、宋代、清代都曾经铸造发行，但是由于不便于在市面上流通，也由于其体积大、价值小而逐渐废止。清代咸丰七年，北京商民就曾拒绝使用。次年，福建又因钱贱粮贵发生贫民暴动。

13. 元宝

金质或银质，有秤锤形、马蹄形、两端翘起的小船形以及馒头形，镌刻有朝代年号和名称。最早使用这一名称的是唐肃宗乾元元年史思明在洛阳铸造的“顺天元宝”和“得一元宝”。其后有后晋的“天福元宝”，代宗时代的“大历元宝”，南宋的“大宋元宝”，北宋的“淳化元宝”，元代的“中统元宝”，清代的“光绪元宝”等。各种元宝的重量通常以“两”计，两以下称为“锭”，成色各有不同。

14. 银圆

银质圆形币，俗称“花边钱”或“大洋”，明代万历年间（1573—1620年）从欧洲传入中国。清代道光年间（1821—1850年），台湾首先仿制，称之为“银饼”。光绪十四年、十五年（1888—1889年）各省纷纷仿造，但有不同的仿造形制。宣统二年（1910年），朝廷颁布实行了《币制则例》，规定每枚钱币的重量是七钱二分，含银量为九成。民国初期发行的银圆，上面铸造有孙中山先生的半身侧面像。袁世凯称帝时铸造发行的银币，也将自己的头像镌刻其上，民间称为“袁大头”。

银圆

15. 通宝

铜质币，仍为方孔圆形，直径一厘米左右。唐高祖武德四年五铢钱废止后开始发行通宝，镌刻有“开元通宝”字样。此后各朝各代都承袭了这一传统，如明代的“永乐通宝”，清代的“康熙通宝”，宋代的“宣和通宝”，等等。明末农民起义，张献忠就曾铸造“大顺通宝”，李自成也铸造过“永昌通宝”。

16. 铜圆

铜质圆形币，无孔，直径3.5厘米，又叫作“铜板”，清代光绪二十六年（1900年）铸造，背面为蟠龙纹，正面镌刻有“光绪元宝”字样，每百文换银圆1枚，每枚可以换方孔钱10文，后来因各省滥肆铸造而遭到贬值。宣统年间改铸“大清铜币”作为流通钱币，铜圆被废止。

17. 银角

银质圆形币，又称“毫洋”“毫子”“小洋”。清光绪十六年（1890年）

铸造发行，面额有二角、五角、五分、一角几种，一枚银圆等于十角，成色八成。

18. 交子

交子是我国最早的纸币，北宋初期，四川大户商人嫌铁钱携带不方便，值小体大，于是印制纸币代替，时人称之为“交子”，其性质等同于存款收据，可流通，也可兑现。到仁宗天圣元年，由朝廷正式统一印制发行，一交子等于一贯，即一千文。徽宗崇宁四年（1105 年）改称“钱引”，代替贬值的交子。

19. 钞引

钞引是南宋高宗绍兴元年发行的纸币。最初以汇票的性质逐渐发展成可以在交易中流通的银票。

南宋以后用来代替银两的纸币，以“贯”或“文”为单位，始于宋高宗绍兴七年（1137 年），川陕宣抚使吴口在河池（今甘肃徽县）印制发行，称为“便钱会子”或简称为“会子”，面额分为一钱和半钱两种，四钱折合为一贯。绍兴三十年（1160 年）由政府统一印制发行，面额有一贯、五百文、三百文、二百文、一百文五种。以后还有元代武宗至大二年（1309 年）发行的“至大银钞”和清代咸丰三年（1853 年）发行的“户部官票”等。

20. 宝钞

宝钞是元、明、清发行的纸币。元世祖忽必烈中统元年（1260 年）发行“中统元宝宝钞”，面额有十文到二贯不等。到元二十四年（1287 年）又发行了“至元通行宝钞”，面额五文到二贯。明代洪武八年（1375 年）发行了“大明通行宝钞”，在之后百年的时间里都在市场流通。清咸丰三年（1853 年）还发行了“大清宝钞”。

21. 交钞

交钞是金、元两朝仿照宋朝印制发行的纸币，又叫作“钞引”。小钞面额有一百、二百、三百、五百、七百五种。大钞面额有一贯、二贯、三贯、五

贯、十贯几种。

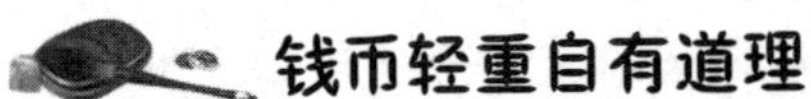

钱币轻重自有道理

“货币的材质和形制仅仅是‘躯壳’”这种说法并不准确。因为材质、形制同样蕴含着重要的经济、文化意义，与其“灵魂”合为一体、密不可分。但是，材质和形制毕竟是货币的外在形式，当它进入流通时，还需要从外观识别进而做价值的计量。材质、形制和计量一起，构成货币制度的基础，从技术到制度的层面展示货币文化发展演变的形态和本质。

中国古代货币的内容及形式多种多样，包括同一货币系统中不同币值的分等。早在春秋时期，就出现了铸币分大小型、“子母相权”而行的情况。就货币的行用来说，无论是作为价值尺度和流通手段，还是货币的分等计数，首先就有一个货币单位问题。

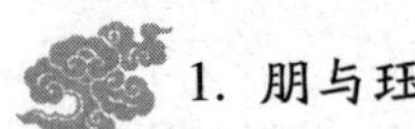

1. 朋与珏

上古货币龟贝珠玉，以自然物为币材，计量时通常采用计数方法。其中龟贝（主要是贝）的单位为“朋”，10 贝为“朋”。殷墟甲骨卜辞中常见“易贝十朋”“商（赏）贝二朋”“用贝五十朋”等记载。《诗经·菁菁者莪》有“既见君子，锡（赐）我百朋”之句。《易经·损卦》也有“或益之十朋之龟”的爻辞。珠玉的单位为“珏”和“区”。玉璧手持时成双，因而把“双”和“压”作为珠玉的基本单位，数量多时存放在盒中，每盒 10 件，盒子的名称为“区”，转而作为计算珠玉的较大的单位。《左传》中多次记述，“皆赐玉五珏”“纳玉于王与晋侯，皆十珏”。韦昭注：“双玉曰珏。”《尔雅·释器》说：“玉十谓之区。”郭璞注：“双玉珏，五珏为区。”但近人王国维则认为：“余意古制贝、玉，皆五枚为系，合二系为一珏，若一朋。”也就是说，玉和贝一样，以 10 枚为一珏。看来，这还有值得研究之处。

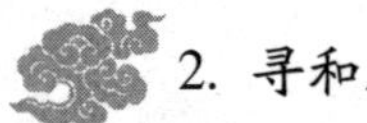

2. 寽和斤

西周青铜器铭文中，赐贝、用贝出现两种单位，除朋外，还有“寽”，如“易贝卅寽”“取贝甘寽”等。王毓铨先生因而认为贝币的计量方法有按数

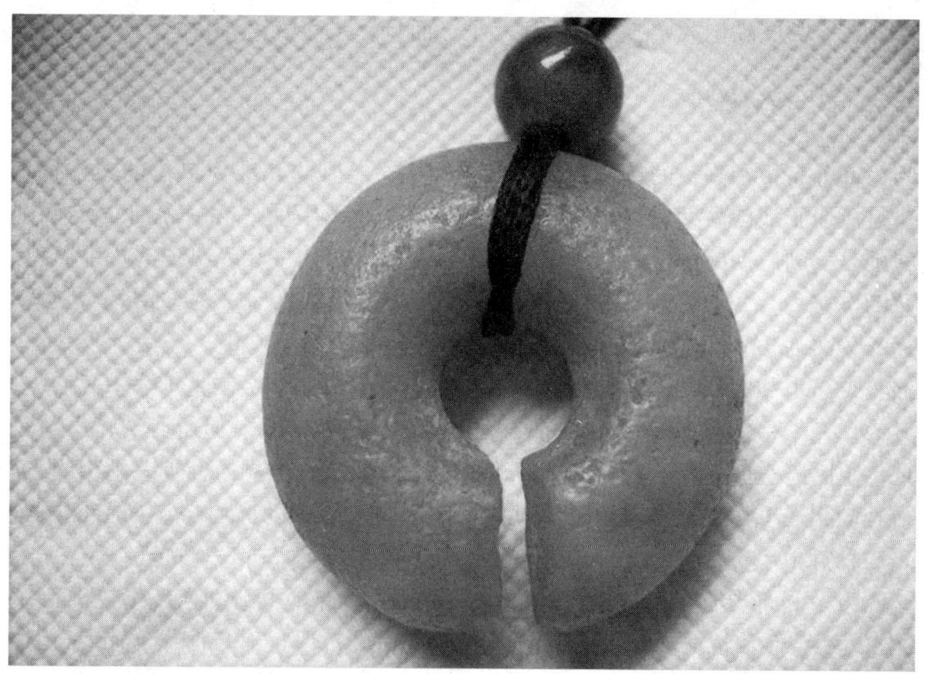

玉　玦

目、按朋和按重量三种。事实上，按寽计算的不是货贝，而是铜贝，而且不仅金属贝，还有其他金属称量货币，包括金和铜，都以寽为单位。如禽毁铭："王易金百寽，禽用乍宝彝。"留鼎铭："用積诞买兹五夫，用百寽。"寽即锊，本是称量金属的重量单位，也借用为货币单位。寽的重量没有统一的说法。

春秋战国时期的金属货币主要有黄金和铜铸币两类，黄金为称量货币，其货币单位也即称量单位。常见的黄金单位有两种。一种为"斤"，最早行于周秦。据《汉书·食货志》说："太公为周立九府圜法，黄金方寸而重一斤。"史书上不乏"黄金百斤""金千斤"的记载。黄金一斤也称"一金"。据《史记·魏公子列传》记载，魏公子信陵君在魏国遭秦国攻击之际，曾拜上将军，"率五国之兵破秦军于河外"，并"乘胜逐秦军至函谷关"，使"秦兵不敢出"。秦王十分恼恨，"乃行金万斤于魏，求晋鄙客，令毁公子"。在秦国多次反间之下，魏王最终罢免了信陵君的兵权。另一种黄金单位为"镒"，开始时应用于东方六国，后来也流传到秦国。镒的下位单位为"两"，史书所载，一说一镒为 24 两，一说一镒为 20 两。到战国后期，斤和镒逐渐相互通

用。在有关文献记载中，不仅斤镒互见，而且斤镒衡值相等。

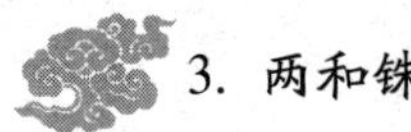

3. 两和铢

部分布币和圆钱的单位为“两”和“铢”。以两和铢为单位的布币，主要是流通于战国后期赵地（也有人认为属秦地）的圆足布和三孔布，铢两圆钱则是战国后期秦国的铸币。也就是说，两和铢是比寽较晚出现的货币单位。两的本意为双，凡数或偶或双曰两。有人认为两取义于2寽，即一寽约12铢，一两为24铢。两以下的单位为錙和铢，一两等于4錙，一錙等于6铢。这一类布币和圆钱都分为大小两个等次：大者为一两，实测重14—16克；小者为十二朱（铢）和半两、两甾（錙），实测重7—9克。但所有的铸币都表现出不断减重的趋势，在长期的铸行过程中，半两钱本身的轻重差别相当大，最轻的不足1克，最重的超过15克。所以也有研究者认为，“半两”实际上是一种货币单位，即钱“一枚”。

刀币和部分圆钱（主要流通于战国后期的齐地和燕地），钱文中有一“化”字。通常是地名加“化”字（多数刀币），但也有数字与“化”相连的，如圆钱“一化”“賹二化”“賹四化”“賹六化”等。有人认为，化是货币单位，一化即一枚货币。也有人认为化只是货币名称，与币值和重量无关。对“化”的释读，有刀、匕、货等多种不同看法，但多数人认同，作为刀币币文的“化”，意为刀形货币。从这一意义上说，“化”是货币名称。至于后来的化圆钱，特别是賹化圆钱，那是货币大幅贬值的产物。齐国刀币每枚重45—50克，正是齐量一镒青铜。改铸賹化钱，一枚重1.2—2克，賹四化重5—7克，賹六化重8—11克，实际上是要以一賹化圆钱与一枚重一镒的刀化等值流通，通过减轻币重，加大名目，掠夺百姓。也有人认为，币文“賹”为黄金的专用称量单位，原意为20朋货贝，相当于一镒黄金的价格，这里已演化为货币名称，意为“可兑换黄金的流通货币”。而币文中以数字限定的“化”属于币值，即当值1枚、2枚、4枚或6枚刀化。因而“化”已经转化成了计数性质的货币单位。

蚁鼻钱继承了货贝计数使用的传统，使用单位为枚（个），在枚以上未发现有朋或串的计量单位。楚国的另一种版形铜铸币“良金四朱”“良金二朱”和“良金一朱”（也有人释读为“见金”），其币文“一朱”“二朱”和“四朱”，是规定与黄金的比价，即分别值黄金1铢、2铢和4铢。

综上所述，先秦的铜铸币，与采用多种形制相一致，其货币单位也各不相同。随着货币交往和融合，先秦货币的形制逐渐趋向于圆形，其货币单位开始由称量单位向计数单位过渡，称量单位也由寽、镒、釿等多元体制向归于统一的斤、两、铢体系过渡。以上这些说明了货币演变的融合趋势和发展的客观规律。

4. 缗、贯和文

秦汉时期，钱币的名称仍采用铢两制，钱币本身的价值也取决于其重量，但钱币的使用均以枚计数。一枚铜钱习惯上称为“一钱”。秦朝规定，“官府受钱者，千钱一畚”，即每1000钱为计量单位，名为“畚”。西汉初年，朝廷动用货币，动辄黄斤千斤、钱千万。如对大将军霍光的赏赐，“前后黄金七千斤，钱六千万”（《汉书·霍光传》）；隆虑公主病重时，以金千斤、钱千万为儿子昭平君“预赎死罪”（《汉书·东方朔传》）。为了计数的方便，铜钱每1000钱用绳穿为一串，称为“一缗”。缗是串钱的绳，被用来代称钱，同时也成为一个货币单位。汉代为限制富贾而实行的“算缗”“告缗”政策，就是对商人和手工业者的资财，以缗为单位进行计算，分别按等征税。汉代以后，不仅钱币形制定型，而且货币的计量单位，也趋于简洁而规范。

铜铸币由铢两钱演变为年号—通宝钱是从唐代开始的，这样就导致了钱

开元通宝

币的名称和单位进一步与重量标准相分离。铜钱一枚被称为“一文”，1000文为1贯，“贯”正式与“缗”一起成为大数的铜钱计量单位。唐代对开元通宝的规定是：“径八分，重二铢四絫，积十文重一两，一千文重六斤四两。”这里的重二铢四絫，已非汉制的铢两。大体上，唐代的一两相当于西汉一两的2.5倍。正因为唐代的斤两与汉代相比发生了很大变化，且唐钱十文重一两，较之原来的一两等于24铢更为简便易行，所以唐代以后，两以下的计量单位排除了铢，而借用了铜钱的“钱”，而且两、钱以下均改为十进制。这表明，货币的名称和单位有可能反过来影响和规定衡制单位，但通常取决于衡制单位。

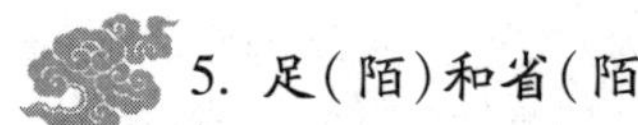

5. 足(陌)和省(陌)

唐代至清代，以文为单位，每千钱称“贯”的制度一直延续。不过宋代又实行过一种独特的钱陌制。钱陌制是以100文钱为单位的计量方式，每100钱称为“陌”。而在实行中又分为足陌和短陌两种。足陌又叫百陌钱、十十钱、长钱，是指一陌足数满百。短陌则一陌不足百钱，其中又分为省陌（宋朝官方制定的以77文为陌的标准短陌）、行陌（各行业自定的短陌，一陌自50文至99文不等）和市陌（各地市场上实际行用的短陌，其情况复杂多变，有一陌少至10文以下者）三种。短陌钱早在晋代就已出现，但只是少数人在一贯或一串钱（百枚）中克扣自利，所谓“取人长钱，还人短陌”。南北朝时，这一偷减情况日益普遍，不同地区分别出现70钱、80钱、90钱为一陌的情况。宋代为了规范参差不齐的各种短陌，于是确定统一的省陌制。但结果并未达到制止短陌的目的，反而助长了各种投机取巧的商业行为。对官府来说，则借助超经济强制，在足陌和省陌之间玩弄手段，以省陌克扣支付，以足陌增加税收，以实现财政目的。宋代一位县官曾就薪俸以省陌支付作诗自嘲：“五贯九百五十俸，省钱请作足钱用。”习惯上足陌简称“足”，如政府规定：银并银器出京城门，“每两税钱四十文足”；省陌简称“省”，如京城米价“每斗六十六至六十五文省”。短陌钱的行用一直延续到清朝末年，不同地区的短陌制各不相同。较好的地区如重庆等地，每一陌钱扣除一个到几个钱不等，有些地区则以70、80、90作一陌，最短的为京师的“东钱”“西钱”。京师东以16个钱为100文，以500文为一撇，以两撇为一吊，以两吊为一挂，称为“东钱”。京师西以10个钱为百文，10个百文为一千，称为

"西钱"。太平天国起义期间，清政府铸行铁钱，一些地区铜钱、铁钱对半使用。后来民间拒绝使用既笨重又容易锈蚀的铁钱，于是以铜钱一文作二文，500 铜钱即为 1000 文，称为"满钱"。有的地区在这个基础上再作扣除，所谓"九八钱"，就是以 499 个铜钱作一贯，"九六钱"就是以 498 个铜钱作一贯。省陌制的实行，并不意味着货币的增值，恰恰相反，它是不足值货币流通的一种变异形式。

6. 银丝、纸钞的计数

宋以后白银逐渐进入流通，基本上采用称量货币的形式，计量单位为两、钱、分、厘，但为了交易中接受方便，银货币往往铸成一定分量的银锭（元宝）。经过成色鉴定，达到标准重量的元宝，也以"锭"计数，通常大锭 50 两，中锭、小锭为 25 两、10 两……直至 1 两。金代的承安宝货，是中国历史上最早的一组由政府铸行的法定银货币，共分为 1 两至 10 两 5 个等次。由于史书记载的缺失，加上考古发现空白，对于其等次的设置，学术界看法尚不一致。此组货币以枚（锭）为单位计数使用，但实际行用时间不长。

纸币采用金属货币的计量单位。因为它是以金属货币的代表进入流通的。宋代的交子、钱引、会子、关子包括铁钱会子、金银见钱关子，均以贯、文为单位，其面值最多为十贯，最低为一百文。仅有一种四川银会子，面额标为一钱银、半钱银。与南宋差不多同时的金国，由于恶性通货膨胀，于贞祐二年（1214 年）发行二十贯至一百贯面额的大额交钞，不久又发行面额二百贯至一千贯的特大钞，一些持有交钞的富家，"因为交钞屡变，皆至窘败"，资财化为乌有，时称"坐化"。金朝末年，人们拒用纸币，"但以银市易"，朝廷改发以银为单位的天兴宝会纸币，面值分为一钱、二钱、三钱、五钱四等，同样不能树立信用。随后，金王朝的经济全面崩溃，不到几个月即为蒙古军所灭。元代全面推行纸币，纸币单位

清代银票

仍用文和贯，但因为禁用铜钱，加发了二文、三文、五文等小额“厘钞”。武宗至大年间（1308—1312 年）一度发行至大银钞，面额自二厘至二两，凡十三等。因为白银逐渐在流通货币中占据主要地位，元代以后的纸币又采用“两”和“锭”作为计量单位，一两即钞 1 贯，一锭为钞 50 贯。其中锭并不见之于纸钞面额，而只用于大宗纸币的计数。到清代末年，随着机制银圆、铜圆的面世，清代官私银票钱票，也有以银圆“圆”、铜圆“枚”为货币单位者，不过，这已经是近代的事了。

古代钱币的铸造艺术

考古资料显示，早在二里头文化时期就已经能够铸造青铜容器，比如鼎、爵等，从而进入青铜时代。此后青铜冶铸技术不断提高，战国时期甚至出现冶铸生铁技术。因此，冶铸技术的出现和进步，特别是冶铜技术的发展，为金属铸币的出现和发展准备了必要的条件。中国历史的治乱分合，直接影响到铸币技术的统一性和多样性，不过铸币工艺在一定时期内还是相对一致的，可以将中国的铸钱工艺大致分为三个发展阶段。

1. 先秦铸钱工艺

先秦时期，主要采用泥范和石范铸钱。泥范即陶范，是用泥制成坯体后烧制而成。泥范的制作，一般有配料、备坯、制模、刻字等工序。配料所用原料为黏土、细砂、草秸、谷壳等，然后和泥做成范坯外形，并烧制。在备用范坯上，依基线刻出钱文和纹饰，再刻出外浇道和内浇道。两扇陶范扣合在一起即可浇铸。石范一般用容易加工的滑石制成，与泥范相比，其优点是可以多次使用。石范的制作可分选料、备坯、制模、刻字等工序，制模、刻字的方法与泥范的制作基本一致。

1960—1961 年间，在山西侯马出土有耸肩尖足空首布的泥范，是两扇外范和一个内范（也叫范芯）组合而成的双合范，浇口在空首一侧。范料为黏土和以细沙，并掺入草秸。1986 年，在河北易县燕下都出土有尖足布、燕长足布、小方足布、燕刀泥范。同年，在河北平山中山国灵寿故城铸币遗址出土有“蔺”字圆足平首布的石范和陶范。每个范面刻有二枚“蔺”布凹槽，浇注口位于布首部位，向上汇集合一形成一个浇注口。值得注意的是，在这

五铢钱范

批钱范中，面范有陶质和石质两种，而背范均为陶质，这说明当时可能已经出现陶石合范的铸造工艺，以更好地解决范体在浇注过程中的受热、散热以及透气等问题，可视为铸钱工艺上的一种进步。此外，在河南新郑出土有“旆钱当釿”和“连布”泥范，内蒙古包头窝吐尔壕战国遗址采集有安阳方足布石范等。

在中山国灵寿故城遗址中，还发现专门的“成白”刀币铸造遗迹并出土了一批“成白”刀币陶范。还征集到一件“成白”刀币的残石范，浇注口在刀首部位，浇注流槽的流咽部位由于高温烧烤已成白色。燕刀币钱范在燕下都遗址及燕境内多有发现，其中燕下都郎井村出土的四刀陶范和燕下都10号遗址出土的五刀陶范，浇注口均位于刀币环首一端，并最终汇集成一条浇注槽。1987年，在山东莒县莒国故城一座刀币陶范窑出土一批齐明刀陶范，每范并列刀形5枚。1998年，山东省平度市征集了一件齐明刀残范，可能出土于即墨故城，从残存的上半部分看也有刀形5枚。1965年，在山东青州市（益都）前范村出土有完整的“齐法化”刀陶范。这些刀范一次即可铸造4枚或5枚刀币，提高了铸币的效率。

齐圆钱钱范现有一件较完整的石范，范面有钱形2行，每行有“六化”各5枚，2行之间有一条总的浇注流槽，每枚钱形又有小的支槽与此总流槽相通而呈树状。1975年，在内蒙古喀喇沁旗大西沟门村出土一件燕“一化”圆钱铅范母。1955年，在河南洛阳汉河南县城遗址内出土一秦国“文信”钱的石范残块。

2. 秦汉至南北朝的铸造工艺

秦和西汉前期仍使用泥范、石范，有人认为石范铸造工艺在汉武帝元鼎四年以后才趋于消失，这除了石范“琢磨费时，易受热崩裂”的原因外，还与汉武帝元鼎四年中央收回铸币权、专铸三官五铢钱这一背景有关。由于要求铸币质量高、产量大、形制规整，由于石范生产效率低，难以保证产品质量和统一性，后逐渐被淘汰。

在石范还未退出使用之前，就已出现用模盒即范母翻制泥范的技术。范母有两种：一种为双面范范母，同一范母上面文、背文都有，可同时翻制面范和背范；一种为单面范范母，即只有面文的范母。1979 年，在陕西澄城西汉铸钱作坊遗址中出土不少铜五铢钱范，而其背范均为陶范。联系其他地点出土很多陶质背范的现象，说明西汉时铸造五铢钱所用的面范和背范在材料上有所不同。

到了王莽时期，铸钱效率成倍提高，说明了叠铸工艺已然成熟并广泛应用。在西安附近已经出土不少“大泉五十”“大布黄千”“货布”“货泉”等的叠铸铜范母和叠铸陶范。宁夏隆德也发现“货泉”叠范。有学者认为叠铸工艺是西汉初年由民间铸钱者发明的，直到王莽时期才开始被官方铸钱机构认可和采用。无论如何，叠铸工艺的出现是铸钱业的一次技术革命，既大幅度提高了铸币的产量和质量，又降低了铸造成本，因此在王莽以后能够迅速流行起来。东汉至南北朝时期，叠铸工艺继续发展。后来曾在南京通济门外发现大批南朝萧梁时期的叠铸泥范。

3. 隋唐至清末的铸造工艺

根据相关考证，隋唐时期可能已经开始用翻砂法铸钱，翻砂法能够在隋唐以后一枝独秀，主要是由于它具有省工、省料、便捷等优点。用翻砂法铸钱，可以省去制作陶范的工序，制作砂型使用的砂可以多次重复使用，而且制作砂型比较便捷。中央政府只要把母钱分发到各地，再由地方分别翻铸即可。可以大幅度提高效率、降低成本，并保证产量和质量。因此这种铸造方法一直延续到清末。隋五铢背文有时有重印范的痕迹，可以推知隋代可能已经用母钱翻砂型铸钱。唐开元通宝铸行了 300 年，铸造数量巨大、地点广泛，但至今尚未发现钱范，这也暗示唐代铸钱已经使用了和以前截然不同的方法。仔细观察发现，开元通宝钱有的正面有重叠、局部外郭、戳印背文“蓝”字等现象，背文有“兴”“京”字重印等现象，这些均是当时已使用翻砂法的证据。文献中同样透露出铸钱方法改变的信息。郑虔《会粹》记载，“（欧阳询）初进蠟（蜡）样”，蜡样即呈献皇帝的样钱，经认可后以其翻铸为母钱，分发各处以铸钱。宋代还使用锡母翻铸，《宋史·食货志》记载：“大观元年，京复相，遂降钱式及锡母于铸钱之路铸钱院，专用鼓铸。”五代时中原地区用

样钱翻铸，而南汉等边远地区则仍用石范铸钱，这显然是地域政治经济发展不平衡的反映。

第三节 古钱的钱文

历朝历代钱文读法

古钱币按性质来区分，有记号钱、记重钱、镇库钱、年号钱、记值钱、国号钱、纪年钱、纪数钱、厌胜钱、样钱、庙宇钱、撒账钱、罗汉钱、祖钱、对钱、母钱、开炉钱等，名称种类繁多，令人眼花缭乱，常因其实用性质而得名。因为功用的不同，所以钱币上的钱文读法也因时期不同而有所变化。

从春秋战国至秦汉时期，钱文的读法基本上依照汉字书写习惯，从右至左读，如“五铢”“半两”等。但也有一些例外的情况，比如从左至右、顺时针或逆时针旋转读。在这种情况下双字钱文一般不容易误读。最容易读错的是多字钱、文圆钱，此种钱文的读法大多依圆随形，按顺时针方向旋读。如“珠重一两·十二”等。

满文钱币

唐代以后各朝多以“元宝”“通宝”作钱文，旋读、顺读都可以。明朝以后专门以“通宝”作钱文并且顺读的结构逐渐固定下来。但在其演化过程中易发现误读现象，如宋代的

"乾道元宝"可能会因唐"乾元重宝"的影响而错读成"乾元道宝"。但这种错误是可以避免的，只要我们掌握了各代钱文读法规律。下面介绍几种主要的钱文读法。

旋读：按上右下左顺时针方向旋读。此种读法在宋钱中较常见，元以后绝迹。如"大泉当千""大夏真兴""天福元宝""淳化元宝"等。

顺读：按上下右左、先纵后横的顺序读。最初见于新莽的"六泉"，至元明清时期，遂成定型，如"小泉值一"和"咸丰通宝"等比比皆是。

右起先横后纵读：按右左上下顺序读，如"永安一百"和"太平天国"等。

先纵后左横读：按上下左右顺序读，这种读法极为少见，有"乾亨重宝"，且"重宝"两字为篆形，仅见于汉以后时期。

左起先横后纵读：按左右上下读，仅见"永安一十"孤例。

另外，新莽时期所铸造的仿古布币十品的钱文读法比较特殊："么布一百"至"次布九百"和"大布黄千"等的读法是以上下两横列为序，自右向左先上列后下列。

这里我们主要介绍了四字钱文的主要读法，其他字数的钱文在这里就不做介绍了。

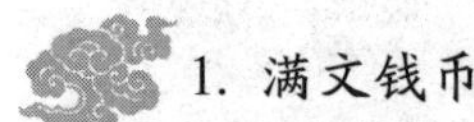

少数民族主要钱币的钱文读法

我国是一个多民族有自己语言文字的统一国家，但少数民族的文字在钱币中较少得到展示。从所得到的资料来看，主要有以下三种：

1. 满文钱币

满族文字诞生于明代万历二十七年，当时努尔哈赤命令噶盖、额尔尼创制满文。二人在蒙古文的基础上，加以改进形成满文。后清太宗年间，达海通过加圈点而对满文进行改进。于是就称最初创制的文字为"老满文"，改进以后的为"有圈点的满文"。满文钱的读法是左起先横后纵。与满文自左及右读的习惯是一致的。一般以左右上下为序，例如满族的"天命汗之钱"。

2. 契丹文钱

辽代契丹族是一个历史悠久的民族，他们仿照汉字创造了分大小两种的契丹文字。契丹大字产生于辽太祖时期，其后创造的“契丹小字”沿用至金代初年。章宗明昌二年（1191 年）下令停止使用契丹小字，逐渐就废弃了。通行的钱币中未见契丹文字，非通行的有两种读法：一种旋读，另外一种先纵后左起横读。

知识链接

影响深远的西夏文钱

“西夏文”是中国古代羌、党项两族所使用的文字。野利仁荣于1036—1038 年间创造，共 6000 多字。他们的字有多种造字方法，笔画十分繁多，与汉字同时使用。西夏文字影响巨大，西夏亡国之后，仍在元代中期流行。同时，这种影响深刻地反映在钱币文化上，西夏钱文所见大约五种，经考证其钱文读法通常为旋读。但福圣承道年间所铸的西夏文钱读法特殊。这种钱文读法为从右起读，与福圣承道年号相符，读为“福圣宝钱”。研究者因其圣字书写在首位，将此种钱币称为圣字“升书”，因为此种读法只有这一个例子。

3. 八思巴字钱

元代官员八思巴奉世祖命令制定脱胎于藏文字母的拼音文字，命名为“八思巴字”，至元六年（1269 年）作为国字正式颁布使用，主要用于官方文书，后被废弃。八思巴钱文与四字汉钱文读法一致，皆是顺读，如“至贞通宝”和“至元通宝”。

第四节 古钱币趣味故事

五彩缤纷数花钱

在古代钱币中，有一类独特的钱币，统称“花钱”。“花钱”在用途上并不流通也不具备任何货币的功能，只是铸成钱币形状。中国花钱的传统由来已久，是一种流通货币之外的铸成钱币形式的吉利品、辟邪品、玩赏品，民间风俗中用以招幸运、辟邪秽及娱乐玩赏。早在汉代，人们就铸造花钱，专门用为辟邪佩饰，所以又叫“厌胜钱”。至唐朝、宋朝流传日广，明朝、清朝而臻极盛。其中有官炉铸造的，更多的还是民间私铸的，品类繁多。在内容上，则从吉祥赞颂到嬉戏娱乐，从婚丧嫁娶到生儿庆寿，从辟恶除邪到招财利市，从佛家经句到道家符咒，从飞禽走兽到神仙鬼怪，从花卉树木到楼台亭阁，从人物故事到诗词酒令，从上梁开炉到赏赐镇库，几乎遍及社会生活的各个领域。

1. 吉语钱

凡是铸有吉祥语、吉祥年号和帝王年号的祝圣钱，均在此列。战国时燕国尖首刀及齐法化刀背上都见铸有“吉”字。西汉四铢半两穿上下铸隶书“上问”，其“上”为君，“问”为恤问的意思，即汉天子向某人问候，属一种殊荣。另有穿上下侧书篆书“如言”二字，假为如意，也属吉言。两汉五铢及大泉五十上也见有“长宜子孙”“君宜侯王”“宜妇保子”“宜门子孙”“辟兵”“宜官秩吉”“日富美丽”等吉祥语。这些钱文字精美，图案设计特殊，是不可多见之物。还有一种吉语五铢钱。1935 年 12 月，南京出土有“大

吉五铢”“大通五铢”“大富五铢”等几种，属官铸吉祥钱。

唐代曾流行一种花体篆书，在日本有遗存，但在中国现在很少见到。日本奈良东大寺正仓院保存的中国唐代屏风上就有这种篆书，为日本天长年间空海和尚所书《大和州益田池碑铭》，现存于和歌山释迦文院。存世的“金玉满堂”背双龙纹钱，馏银罗纹地，双龙右向旋绕，制作精巧。这种花钱字体和唐代花体篆相似，龙的造型也是唐宋时的形态，是唐代的钱币珍品。

祝寿钱

此外，祝寿钱也属于祈祝吉祥的花钱，主要用于宫中帝、后生辰祝寿和民间老人生辰祝寿。在中国民俗中，皇帝、皇后生辰日为万寿节，当铸万寿钱为贺，如“寿慈万寿”银钱、“长生不老”钱等。另外，在婚嫁仪式中抛撒的吉语钱币叫撒帐钱。钱币每十文即系一彩条，上写“夫妻偕老”“百年好合”“早生贵子”等吉祥语。还有一种洗儿钱，是用于生子之日散发的吉语钱。唐代王建诗中有“妃子院中初降诞，内人争乞洗儿钱”之句。说明唐代人在孩子诞生之日，为了孩子无病无灾，望子成龙，散发“洗儿钱”渐而形成一种民间习俗。

2. 民间故事钱

这类花钱多用图案表示故事内容，有的甚至图文并茂。如“驮经故事”钱，铸一马背驮卷册、两人随行，寓东汉明帝时蔡愔赴西域求佛法，并同天竺僧侣摄摩腾、竺法兰以白马驮经回洛阳事；“二十四孝”钱是刻画董永卖身葬父、郭巨埋儿奉母等24人孝行的故事。还有一种花钱是镇库钱。镇库钱指官钱局在开铸流通钱币之前，为镇钱库之邪而特意铸造的特大型超重钱币，有的在钱币上特地铸上“镇库”字样。存世最早的镇库钱为南唐的“大唐镇库”钱，此后历朝历代都有铸造。也有不铸“镇库”二字的镇库钱，如“大

观通宝”合背大钱、“大观通宝”镏金大钱、“万历通宝”特大钱等。

中国古代民间有“上梁钱”之说，这是为了压梁辟邪，是在建造民居、宫殿、祠庙、城门时在房梁上放置钱币。民房多选用普通钱中的“太平通宝”“顺治通宝”类，亦有铸辟邪语的上梁钱，如“镇宅平安”钱和“吉星拱照”钱。清朝福建地区流行一种形似王莽金错刀和货布的上梁钱，多用于圣庙、城门上。

知识链接

蔚为壮观的宗教用钱

宗教用钱主要是佛家和道家用钱。佛教用钱有多种。有寺院名号钱，如“承华普庆”“大福安寺”“普庆寺宝”“大昊天寺”“穆清铜宝”等；佛家名号钱，如“阿弥陀佛”“宝珠菩萨”“宝瓶菩萨”“大慈观音”“观音佛祖”“文殊菩萨”“普贤菩萨”等。周元通宝的佛寺出品在钱背铸有降龙、伏虎罗汉则是非常少有的例子。此外，还有佛八宝钱，图案组合为法螺、法轮等，大都见于明清时期。

道家钱洋洋大观，种类非常复杂，有宫观钱、道家符咒钱、生肖钱、占卜钱等。也有铸八卦卦象或十二地支名的四神钱，即钱上铸青龙、白虎、朱雀、玄武等寓示四方的四种神物的钱币。八仙钱铸有道教八位神仙，又分明八仙与暗八仙，明八仙是指铸有八仙人物形象或名号，暗八仙则铸八仙所御的典型神器来寓示。

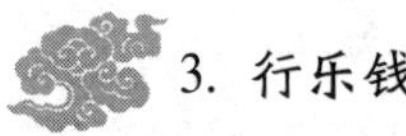

3. 行乐钱

西汉王公贵族饮酒作乐时，往往用一种花钱作为游戏品。1968 年河北省中山靖王刘胜之妻窦绾墓中出土了一套西汉“宫中行乐钱”，共 40 枚。钱方

孔圆形无郭，正面篆体阳文，背面平，直径3.3厘米。其中20枚分别铸“第一”至“第廿”字样。

宋代有一种常见的博戏工具，是打马格钱。这种花钱有长方牌形、方孔圆形和无孔圆形三种。图案为各路神仙，并有题榜，玩法有点类似现代儿童游戏的“飞行棋”。另有一种象棋钱，为铸成铜钱形的中国象棋子，形制有无孔圆钱、方孔圆钱、圆孔圆钱。棋钱除铸有文字“车”“马”“炮”等外，还有部分棋非常精美，铸有车辆、骏马等，图文并茂。

4. 佩饰钱、挂灯钱、包袱钱及冥钱

带有挂扣，可以佩挂在身上的钱，亦称“佩钱”。古人常常挂在胸前，佩于腰带，或系于扇、荷包、烟袋之上，作为一种装饰玩赏之钱，也带有吉祥、辟邪之意。佩饰钱起源于汉代，原为钱形带扣，后在其上增添各种吉语、图案，诸如“日人千金，长毋相忘”“与天无极，宜子保孙”等，但比较少见。

魁星钱

汉代还有一种两面分铸“辟兵莫当”“除凶去殃”的辟兵钱，上下有连环扣，也是佩饰钱的一种。

值得一提的是，清末民间大量使用的锁片也可归入佩饰钱。那个时代科学不发达，尤其是医疗卫生技术条件和传染病防治技术达不到基本要求，许多家庭中的孩子常患疾病，婴幼儿死亡率较高。人们为了“留住”生命，常给孩子身上挂上锁片，以期用“锁”来“锁住”“留住”生命。这些锁片的异型，就是佩饰锁状花钱。

传世佩饰钱中还有一些铸有“文星高照”“状元及第”等吉祥用语及魁星图案的花钱，俗称魁星钱，寓意是祈祝考得状元或得中进士。其中特别值得留意的是诗文钱内容丰富，以古诗句为钱文，并附上相应图案。

有一种挂灯钱与包袱钱为清代宫廷用钱。挂灯钱用作宫灯下坠，史载钱局十二月例精制若干钱币呈进给皇帝，称为“挂灯钱”。凡是见到清代年号钱中厚重大型且铜质精良的，可能就是挂灯钱。包袱钱为祭祀历代帝王的奉先殿上所用，祭祀品皆以黄绸缎包裹，四角各挂一枚大铜钱，钱币面文与普通品没有异样，但是钱币背面均有“天下太平”四个字，而且外形极大。

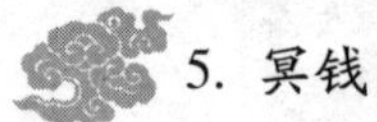

5. 冥钱

冥钱是作为死者在阴间消费以至保佑太平、引导灵魂早升天界的物品。宽泛地说，大凡用于埋在墓中或焚烧于坟前的钱币，都是冥钱。唐代之前多以流通货币来代替冥钱。仅有少数用石、陶、铅质的仿流通货币代替，如春秋战国墓中的“石贝”“石蚁鼻钱”，汉代墓葬中的陶饼、铅饼、陶五铢，六朝墓中的金、银冥币等。

总之，由于花钱不是流通钱币，主要作用是玩赏装饰等，因而在设计创作时不受条条框框的限制，充分体现了自由创造精神，一般线条都比较流畅、简洁。在铸造工艺上，花钱比一般的流通钱币的工艺要精湛精美。特别是在绘画中，无论是动物还是人物画，无论工笔还是写意，几乎可细腻到毫发可辨，栩栩如生，呼之欲出。由于花钱在当时的铸造量比普通钱币少，故存世量少，“物以稀为贵”，所以其文物价值极高。

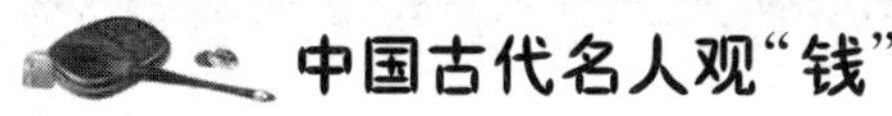

中国古代名人观“钱”

钱，即货币，其本身并无功过、是非的概念，也不是种魔鬼的化身，只是一种流通与分配的工具。正确认识货币的本质与功能是非常有必要的，只有正确认识金钱的本质就能把握自己，不为金钱的外表所迷惑，能够摆脱金钱吸引的是“清廉”二字。清廉，指的是不贪图富贵，行事清白，遵循礼法。清廉是“为政之本”“为官之宝”。在传统道德中，不贪金钱的名流，被载入史书，被尊为“清官”“廉士”。本节节选了几位古代清官廉士的故事，讲述他们正确的金钱观。钱币观是由钱币的持有者所表现出来的，与钱币价值相关的认识、以及对金钱的态度。

1. 钱多坏自己

春秋时期齐国大夫晏婴（公元前？—前500年），赏罚分明，天子与庶民同罪，重视生产，反对厚赋重刑。并且个人生活简朴大方，认为钱多有害，会败坏自己的道德。有一次，齐景公派使者亲访晏婴。使者到来后，晏婴将家中仅够一人食用的饭分与使者，结果俩人都没有吃饱。使者将晏婴家的贫困情况告于景公，景公为了缓解晏婴家穷困，命人送来大笔金钱。但晏婴婉言谢绝，并说：“我用君王给我的俸禄救济了百姓，可见我家里并不穷。一个人到了中晚年，每月只需十总布、四升粮就足够了。”（“总”是丝的计量单位，一总为80根丝。）

知识链接

守财奴的由来

东汉将军马援（公元前14年至公元49年），立志报效朝廷，曾以男儿当“死于边野”“马革裹尸”作为自己的人生格言，出征匈奴、乌桓。后在西北地区养马，发展畜牧业，令人大惑不解的是他在有一些积蓄后却把所有的家产财富分散给别人。面对别人的困惑，马援解释道：“经营财货，贵在能救济他人，否则就是守钱虏！”后来“守钱虏”一语被人们用来指代那些有家产而用钱吝啬的人。“守钱虏”又称“守钱奴”“守财奴”。

2. 清廉诚“四知”

东汉官员杨震（公元？—124 年），虽然在朝廷中身居要职，“而子孙常蔬食步行”，以清廉自称。有人劝他置办产业留给子孙，他说：“使后世称为清白吏子孙，以此遗之，不亦厚乎！”他认为将“清白吏”留给子孙是最厚的产业。杨震在赴任荆州刺史的路上经过昌邑县，昌邑县令王密曾被杨震提拔，为了答谢他的知遇之恩，王密夜半“怀金十金以遗震”。杨震严词拒绝王密道：“我知道你，你不知我，为什么？”王密说：“暮夜无知者。”杨震说：“天知，神知，我知，子知，何谓无知？”王密听后惭愧而出。

3. 只收一文钱

东汉会稽太守刘宠，为官清廉，家境贫薄，在任期间严格办案，举荐贤人，百姓安居乐业。因此他深得百姓爱戴。离任时，有几位老人受百姓之托，各赠百钱为他送行，称赞他为政清廉，说：“自君来此，犬不夜吠，民不见吏，今闻当见弃去，故自扶奉送。”刘宠感动地说：“吾政何能及公言耶？勤苦父老。”意思是，我哪像勤苦的父老乡们说得那么好，大家的

东汉钱币

心意我心领了，这钱还是带回去吧。老人们一定要其收下，刘宠盛情难却，只好象征性地从每人手中拿了一文钱。谢别后，刘宠将收下的几文钱满怀感激地放到清澈见底的江中。后人为了纪念刘宠的清廉，将此江命为“钱江”，还建造了一座名为“一钱太守”的亭子。

4. 杖责送礼者

南朝大臣顾协（470—542 年），勤奋好学，颇有才华，为官清廉，轻视钱财，家居陋室。有一天，顾协原来的门生、现下属官员去拜访他，想酬谢他的栽培之恩。该下属“知其廉洁，不敢厚饷”，仅以两千文答谢。但顾协仍不接受。下属官员执意酬谢，但顾协厉声拒绝道：下令将送钱者打 20 大板。从此以后，顾协的府上“绝于馈遗”“自丁艰忧，遂终身布衣蔬食”。

5. 清慎天下最

北周名臣裴侠（公元？—559 年），勤俭成性，为政清廉，独立不倚，爱民如子。任河北郡守时，“罢废郡内旧时苛制”“所食惟菽麦盐菜而已，吏民莫不称之”。裴侠任河北郡守，将此郡不合礼法的用制全部废除，如“有渔猎三十人以供郡守”等制度，并且官府雇用这些人去养马。“岁月既积，马遂成群”。裴侠分毫不动，“去职之日，一无所取”。因此，被誉为“裴侠清慎奉公，为天下之最”。民间百姓作民歌称颂他：“肥鲜不食，丁庸不取，裴公贞惠，为世规矩。”

6. 纳饼拒重金

与沈周、唐寅、仇英并称“明四家”的明代书画家、文学家文徵明（1470—1559 年），名噪一时，学生甚多。当地老百姓知道他要煎饼后，经常把小饼放到竹篮里送给他，他即以字画相送表达谢意。凡求字画的人就携饼篮上门，文徵明也乐意挥笔，满足来者之愿。当时名声显赫的唐王派使者前来以重金求画，文徽明得知后，没有将字画送给唐王的意思，拒不接受重金，闭门谢客，使者无可奈何，只好回去。

7. 一文一分赃证

明代著名的清官海瑞（1514—1587 年），以清廉自律，仇视贪婪腐败行为。他在当教官时就严禁学生送礼。他认为做官的“止此柴马，止此俸钱，出此之外，一文一分赃证也”。明代知县进京朝觐时，会从里甲、杂项里出九百两至几千两银子用以行贿京城官员，所以京城官员把朝觐立年看作收租年。然而，海瑞在淳安作课时量贝朝觐都只花 48 两银子，坚守自己的底线不贿赂京城官员。别人以“外官入京有交际”劝他“要做官不得不如是”。海瑞正气凛然拒绝地说：“充军死罪，宁甘受，安可为此穿窬举动。”也就是说海瑞把行贿视为盗窃（穿窬）行为。

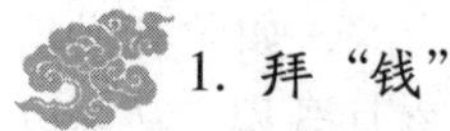

古钱在民间

“夫有尤物，足以移人”。古往今来，围绕“钱”这个“尤物”，引发了很多有趣的故事，也引出了很多话题。

1. 拜“钱”

货币拜物教的俗称，是一种把“钱”的作用神秘化的社会现象。“钱可通神”迷信钱的人在钱面前顶礼膜拜。为了钱，多少人神魂颠倒，“赴汤蹈火”；多少人挖空心思，铤而走险，获得一时的荣华富贵。然而，“钱可通神，法难纵你”，拜倒在钱魔之下的贪财、迷财者，又有多少人跌入深渊而不齿人世，弄得懊恨累累，哀怨悠悠。下面节录的几则钱迷的故事，是货币拜物教的典型现象，也是一种以钱币实体间接表现出来，见证社会、反映生活、刺世讽贪的派生性钱币文化。有名有姓的是中国历史上的真实记载，无名无姓的是长盛不衰的民间传说。看了以后，或许能指点迷津，说明来钱用钱之是非。“君子爱财，取之有道”。正确对待“钱”，爱惜而不迷钱，敬重而不贪钱，就能自由翱翔。这也是钱币文化的功能所在。

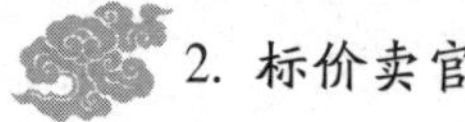

2. 标价卖官

东汉灵帝刘宏（157—189 年），腐败无能，好积金钱。“光和元年，初开

西邸卖官”，公开标价卖官，随官衔的高低而标价不同，“公千万，卿五百万”。有钱可进行现金交易，无钱可以欠账，上任后加倍交付。此等荒唐举动虽使他积钱巨万，并大修宫室，还专门在西园建“万金堂”用来贮放钱币，但弄得民不聊生，遭到多数人反对。终于于公元 184 年爆发了全国规模的黄巾起义，东汉王朝趋于崩溃。后来有人写了一首讽刺诗：“莫怨灵帝庸无才，只怪老天错安排。天生一副商贾料，缘何派他秉政来。”

3. 铜臭

东汉灵帝公开卖官，崔烈（公元？—192 年）用 500 万铜币买了个司徒的官职。当时司徒相当于丞相，与太尉、御史大夫合称“三公”，是辅佐皇帝、掌握大权的高官。由于崔烈的官职是花钱买来的，名声扫地，“时人鄙之”，世人唾弃。崔烈不安地问其子崔钧：“外面对此有什么言论?”崔钧回答说：“大人少有英名，用钱买官当司徒，天下人都感到失望，说你是铜臭染身。”后来人们便以“铜臭”一词来讽刺只知钻钱眼的市侩气。

4. 钱癖

西晋太守和峤（公元？—292 年），家财万贯，却非常吝啬，时人讥其是典型的守财奴。与和峤同时代的学者杜预称其有“钱癖”。《晋书·和峤传》中是这样记载的：“峤家产丰富，拟于王者，然性至吝，以是获讥于世，杜预以为峤有钱癖。”以后人们就将敛钱的癖好讥讽为“钱癖”。

5. 钱愚

南朝梁武帝的弟弟萧宏（473—526 年），为官时贪钱无厌，搜刮聚敛，库藏盈溢，每聚积一百万钱币就贴上一张黄标，每聚积一千万钱币就挂上一个紫标，而且把巡视钱库作为自己最大的乐趣。家有库房百间，积钱三亿余，珍宝等物不计其数。时人嘲其为“钱愚”。曹雪芹《红楼梦》中的一首诗可算是对这种人的绝妙讽刺：“世人都晓神仙好，只有金钱忘不了。终朝只恨聚无多，及到多时眼闭了。”

眼中钉的故事

五代的赵在礼（882—947 年），唐明宗时任宋州刺史。他为了搜刮钱财，贪赃枉法，敲诈勒索，民众苦不堪言，非常痛恨。他离任时，百姓拍手称快，奔走相告："眼中拔钉，岂不乐哉。"可是不久他又到永兴任职，上任后立即下令征收百姓的"丁口税"，每人铜钱一千，自号"拔钉钱"。一年收税钱竟达百万以上。虽然钱财巨多，但在契丹士兵侵入后被掠夺殆尽，赵在礼也自缢身亡，落得个可耻下场。从此，"拔钉钱"被用来比喻官吏横征暴敛、巧取豪夺，"眼中钉"也就成为对最憎恶之人的特定称呼。清代赵翼在《奉命回粤途次》一诗中云："昔到曾怜悬磬空，再来忍敛拔钉钱。"

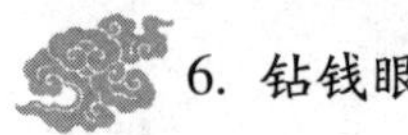

6. 钻钱眼

南宋的将领张俊（1086—1154 年），曾因参与谋害岳飞、拼命聚敛钱财，而为世人所不齿。任循王时，高宗皇帝设宴，命一善观"天象"的相士为人看星相，传此相士可以知人贵贱。相士将一枚方孔钱挂在竹竿上做"浑天仪"，透过钱眼，先看皇帝，说是"帝星"；又看其他人，再看张俊时，说："不见有星。"众人惊诧，要相士再仔细观看。相士看了又看，最后叹了一口气说："始终见不到星星，只看见张循王端端正正地坐在钱眼里。"

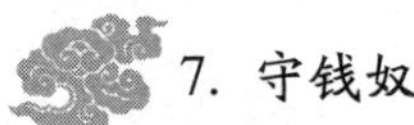

7. 守钱奴

"守钱奴"，鄙称钱多而吝啬的人。清代的一首佚名诗《压儿钱》讲述了一个关于"守钱奴"的故事：海上翁积钱作垣，命儿卧守其中，一夕钱倒，儿竟压死，世人哀之。意思是说一个富翁用所积之钱堆成墙，命儿子卧守，结果钱墙倒塌，将其子压死。有感此事，作诗讽刺："钱串短，钱串长，积钱

如堆卧钱旁。卧者翁之子，子能守钱翁意喜。夜半无人灯似豆，钱堆倾倒命难救。”

8. 三不要

从前有个县令，为人极其奸诈贪婪，又爱自作聪明。为官多年，钱财捞够。为了骗个好名声，离任前在县衙门前竖个大木牌，亲书“三不要”，以示自己清廉，即“不要钱，不要官，不要捧”。谁知第二天他在高兴之余，“三不要”却成了“不要钱嫌钱少，不要官嫌帽小，不要捧嫌招摇”。人们的眼睛是雪亮的，用这种方式对这个贪官进行了无情的讽刺。

9. 走后门

宋徽宗即位后，以蔡京为相。蔡京以恢复新法为借口，排除异己，贬谪哲宗元祐年间的旧吏，引起朝廷内、外的强烈不满。一次朝廷设宴，艺人在群臣中演了一幕讽刺剧：一个大官据案中坐，传判各事。有个和尚要求离京出游，因其戒牒是哲宗元祐年间发的，即被令还俗；一个道士遗失了度牒要求补发，因是元祐年间出家的，被剥下道袍为百姓。这时一个属官上前对大官低声说：“大人，今国库发下的俸钱一千贯，皆为元祐钱文，如何处置?”这大官略加沉思，悄悄地说：“那就走后门，从后门搬进来吧。”看戏演到这里，宴会群臣无不面面相觑，蔡京更是心神不定。

宋朝崇宁通宝钱币

10. 千镒神马目若黄金

这里记述了中国最早的经典著作中提到的货币单位“镒”以及“黄金”一词。

清代马辅的《绎史》引用了战国的兵书《六韬》中的部分内容：商王拘周伯昌于美里，太公与散宜生以金千镒求天下珍物，以免君之罪。于是得犬戎氏文马，豪身朱鬣，目如黄金，项下鸡毛，名曰鸡斯之乘，以献商王。

11. 钱镇海眼

此说可解为要保护自然，不能为了眼前的金钱而破坏环境。

五代南唐刘崇远的《金华子》云：“北海县因发地得五铢钱，取之不尽。中得一石，记云：此是海眼，以钱镇之。众惧，复掩之。”

12. 马医获钱成泥钱

这种说法的寓意是神钱也不能久用，“用历数主，乃至泥钱”。

唐代段成式的《酉阳杂俎·支诺皋中》中记载：“建中初有人牵马访马医，称马患脚，以二十镮求治。其马毛色骨相，马医未尝见，笑曰：‘君马大似韩幹所画者，真马中固无也。’因请马主绕市门一匝，马医随之。忽值韩幹，幹亦惊曰：‘真是吾设色者。’……遂摩挲，马若蹶，因损前脚，幹心异之。至舍，视其所画马，本脚有一点黑缺，方知是画通灵矣。马医所获钱，用历数主，乃成泥钱。”

13. 定伯卖鬼得钱千五

这种说法的寓意是人不怕鬼，更能捉鬼，以鬼卖钱。

东晋干宝的《搜神记》中记载：“南阳宋定伯，年少时，夜行，逢鬼，问之，鬼言：‘我是鬼。’鬼问：‘汝复谁?’定伯诳之，言：‘我亦鬼。’鬼问：‘欲至何所?’答：‘欲至宛市。’遂行数里。鬼言：‘步行太迟，可共递相担，何如?’定伯曰：‘大善。’鬼便先担定伯……行欲至宛市，定伯便担鬼，著肩上，急执之。鬼大呼，声咋咋然，索下，不复听之。径至宛市中下着地，化为一羊，便卖之。恐其变化，唾之，得钱千五百，乃去。”当时石崇有言：

"定伯卖鬼，得钱千五。"

14. 犬为千金咬王首

这里的寓意是犬能"忧国危亡"而平乱，又说犬也贪钱贪色而杀人。

东晋干宝的《搜神记》云："昔高辛氏时，有房王作乱，忧国危亡。帝乃招募天下，有得房氏首者，赐金千金，分赏美女。帝辛有犬字日盘瓠，走投房王，咬王首而还。"

15. 黄衣、青衣、白衣

这里的寓意是金、银、钱不义，隐室使人"衰老""财散""举家疾病"，掘后"宅遂清宁"。

东晋干宝的《搜神记》中记载："魏郡张奋者，家本巨富，忽衰老、财散，遂卖宅与程应。应入居，举家疾病，转卖邻人何文。文独持大刀，暮入堂中。见有黄衣、白衣、青衣和细腰者人内对话。遂大声呼之。问：'黄衣者谁?'曰：'金也，在堂西壁下。'问：'青衣者谁?'曰：'钱也，在堂前进边。'问：'白衣者谁?'曰：'银也，在墙东北角柱下。'问：'细腰者谁?'曰：'杵也，今在灶下。'及晓，文按次掘之，得金银五百斤，钱千万贯，取杵焚之。由此大富。宅遂清宁。"

16. 钱树

这里说的"钱树"，后来演变成"摇钱树"。

两晋陈寿的《三国志·魏志·邴原传》引用了《邴原别传》中的内容："原尝行而得遗钱，拾以系树枝，此钱既不见取，而系钱者愈多。问其故，答者谓之神树。原恶其由已而成淫祀，力辨之，于是里中遂敛其钱以为社供。"

17. 弃宝不增罪累

这里说宝能生钱，但弃宝不增罪累，很有劝读意味。

南宋曾慥的《类说》引用《秘阁闲谈》中的内容："巴东下岩院主僧水际得一青瓷碗，携归，折花置佛像前，明日花满其中。以钱及金银置之皆然。自是院中富贵。院主年老，一日过江检田，怀中取碗掷于中流，从弟惊愕。

师曰：‘吾死，尔等宁能谨饰自守。弃之不欲使尔增罪累也。’院主寻卒。”

18. 十万贯钱常在世

这里所说的蔡襄造桥，得仙相助，不开官库，而有“十万贯钱常在世”。

清代褚人獲的《坚瓠六集》中记载：“宋学士蔡襄出守泉州，造洛阳桥。以吕洞宾笔墨为檄，使隶之海若而告之。隶叹曰：‘茫茫远海，何所投檄!’买酒酣饮，醉卧海涯。潮落而醒，则檄已易封矣。襄启阅之，惟一醋字。襄曰：‘神示我矣，廿一日酉时兴工乎?’至期，潮水果三昼夜不进。其日正犯九良星，蔡策马当之，曰：‘你是九良星，我是蔡端平，相逢不下马，各自分前程。’遂兴作无忌。或上言擅开官库，襄谢恩诗云：‘得饶人处且饶人，曾借龙王三日潮’；十万贯钱常在世，我王恩在洛阳桥。上许之，桥成，时人以诗颂之。”

19. 龙宫造殿有犒直

这里说水中龙王也讲信用，对造龙殿的木工也付钱数百千。

清代王士禛的《古夫于亭杂录》中记载：“宁海州有木工十数人，浮海至大洋，忽沉舟，其家皆已绝望矣。阅八年，乃俱归。言舟初入洋，倏有夜叉四辈，制其四角入水，至龙宫，命造殿，如是八年，不思饮食。工既竣，夜叉复传命：尔辈久役于此，今可归矣！王有犒直，已在舟中，可自取之。夜叉引入舟，复撮其四角，舟已出水上，其行甚驶，顷之抵岸。忽觉饥渴，乃觅酒肆饮食；而舟中先已有钱数百千，持以归。舟主，杨御史也。操舟者得珊瑚树一株于洋中，持以献。盖亦龙王所酬也。”

20. 聚宝盆

这里说的是因保护有益动物而得到无尽的钱财，而后又说到封建统治者贪婪无耻，为“得其宝”，竟“欲以事杀之”。

清代褚人槿的《坚瓠余集》中记载：“明初，沈万山贫时，夜梦青衣百余人祈命。及旦，见渔翁持青蛙百余，将事到刳，万山感悟，以镪买之，纵于池中。嗣后喧鸣达旦，聒耳不能寐。晨往驱之，见俱环聚一瓦盆。异之，持其盆归，以为盥手具，初不知其为宝也。万山妻于盆中灌濯，遗一银记于其

中，已而见盆中银记盈满，不可记数。以金银试之，亦如是，由是财雄天下。高皇初定鼎，欲以事杀之，赖圣母谏，始免其死，流窜岭南，抄没家资，得其盆，以示识古者，曰：'此聚宝盆也。'"

石雕聚宝盆特写

战国时代的名嘴张仪，流落到楚国时，已经身无分文，于是他去求见楚王，想办法捞个两文。好色的楚王，因惦念着后宫的两位美人，对于张仪的突然到访，心中老大不快。

寒暄过后，张仪知趣地说："仪想北去晋国，不知大王可有需要效劳之处？"

楚王摇摇头："寡人对晋并无所求。"

张仪暧昧地说："晋国的姑娘，粉脸俏丽，说多美就有多美，一出国门，常被人误为仙女下凡呢！"

楚王听后大喜："楚地僻陋，寡人未曾见过美女，先生此去，还请物色一二。"于是送张仪几箱珠玉作为盘缠。楚王派张仪外出物色美女的消息传到后宫，引起南后、郑妃的恐慌，于是南后和郑妃各送"金"一千斤、五百斤于张仪，作为其和随从在路上的盘缠。

楚王大摆宴席为张仪饯行。张仪请求楚王允许南后与郑妃出来陪酒。几杯酒下肚后，楚王应允了张仪的要求。看到南后和郑妃以后，张仪双膝跪地说："仪走遍天下，还没见过这样美丽动人的女子。仪以为晋国女子美如天仙，是欺骗大王，请大王论罪！"

"先生不必挂怀。"楚王扶起张仪，笑道，"寡人也不信，世间还有谁能美过寡人的两位爱妃！"

张仪凭借三寸不烂之舌巧妙地得到了几箱珠玉和一千五百斤"金"，并且哄得楚王、南后及郑妃开怀大笑。

楚国的铸币，是称为“金”的青铜铸币，上狭下宽，呈瓜子形，宋代称为“蚁鼻钱”，清代则改称“鬼脸钱”。它的大小轻重不一，以三克上下为多见，且有一个阴铸象形文字，似乎以“咒”字最普遍，从轮廓上看，还真像个鬼脸。

张仪得到一千五百斤的“金”，都是这种鬼脸钱。当时楚国一斤约重两百四十克。算起来，楚王的两位美人，共送他十二万枚鬼脸钱。

21. 改朝换代的前兆

过分“迷信”的人，冥冥之中似有天责，其做法往往适得其反。这就像在我国的历史货币里，每当有违反常态，过分夸大国力的钱币出现时，就表示要改朝换代了。

南北朝时，社会行使五铢钱。北周竟异想天开，于宣帝大象元年铸“永通万国”钱，每枚重不过六克，却要折合重四克的五铢钱一百枚行使，这当然行不通，两年后北周灭亡。

南唐元宗交泰元年，铸“大唐通宝”之后，就没有机会再铸钱，因为不久后为宋所灭。

南宋于理宗宝庆元年铸“大宋通宝”后，即频频更改年号，并改铸绍定、端平、嘉熙、淳事占、宝祐、开庆、景定等通宝的年号钱，但理宗殁后，接他位子的度宗，却成为宋朝的末代皇帝。

元朝武宗至大三年停铸年号钱，改铸“大元通宝”的国号钱，规定每枚当“至大通宝”钱十枚，这一改铸，次年武宗即驾崩。

明朝崇祯十七年，南朝鲁王铸“大明通宝”，此钱一出，南朝即为满清所灭。

清朝历代皇帝均铸年号钱，光绪中叶引进机器开铸，光绪年号的银圆及铜圆，末叶却将铜圆上的“光绪元宝”四字改为“大清铜币”，新币流通不到一年，光绪帝即告驾崩。宣统初，各省所铸银圆皆以“宣统元宝”为名，宣统三年，中央新铸银圆，却更名为“大清银币”，尽管铸工极细，却使得宣统由皇帝宝座上掉了下来，成为一般老百姓。

这些大唐、大宋、大元、大明、大清等钱币的铸造，有一个共同点：全非铸于盛世，而是在内忧外患频仍，政权不稳下发行的，统治者一反常态，铸造冠“大”字的国号钱，这种做法更加速了其灭亡的后果，其通过钱币流

布欺瞒百姓的想法，也未免太自欺欺人了。

22. 两枚钱换采邑

秦朝初年，当时还在小沛当差的刘邦奉命到咸阳办事。几位志同道合的朋友为他饯行，并从新领的钱中每人拿出三枚赠予刘邦作盘缠，但其中有一个叫萧何的人却比别人多给了两枚钱。

后来刘邦起义成功当上汉朝的开国皇帝，论功行赏时，对携手共创天下的昔日同僚，大都赏赐八千户的税收，但却赏赐给萧何一万户的税收。

有人认为刘邦封赏不公平，萧何没有战功却给他最多赏赐，因而心理不平衡。刘邦笑道："当年去咸阳出差，萧何比你们多给了两枚钱，因此增封两千户。"故事里在官府当差的同僚赠送刘邦的，不过是三五个钱，从中可见秦钱在当时有很高的购买力。

秦始皇统一六国后，实行统一的货币制度。禁止战国的货币如刀、布、鬼脸等流通，并且将全国的货币按材质分为两等：一种是黄金，每镒重二十两，称为"上币"；一种是铜钱，每枚重半两，称为"下币"。

秦朝金币，约合今日台秤八两五钱。但因史书交代不清，又未见出土文物，因此可能并没有在民间普遍流行，或仅供皇家使用，用于赏赐或馈赠。如果币值太大，民间用不起。

秦始皇将战国时期秦国通用的半两钱在全国推广，因而铜钱"半两"并不是秦始皇所独创的。据史书记载秦半两"重如其文"，据此推算，每枚铜钱重约八克。

23. 三十两买个潘金莲

清末以来，不少学者认为明代官员的待遇太差，例如中央六部的左右侍郎，相当今天的各部会次长，月薪才二十四两银子；当县长的待遇，不过是五两二钱五分；各县市政府的教育主管，一个月只拿四两银子。表面上来看，这些待遇和职位很不相称，但以实际购买力计算，明代官员的待遇，却是令人称羡的。

《金瓶梅》在用银的描述上非常写实可信。书里提到西门庆、应伯爵、谢希大这三个酒肉朋友，在酒楼里大斟小酌，吃得酩酊大醉，买单时仅付五钱银子；武大郎、潘金莲夫妇住在县政府旁的两层楼房，外加两个院落，像这样的“透天厝”，不过十几两银子。

而十五岁时的潘金莲，不仅模样俊俏，还知书识字，会吹箫弹筝，更是精于刺绣编织、服装设计，像她这样的色艺双绝，被“卖断”的价钱，才三十两银；至于条件较差的小丫头，每人不过五六两银子罢了。

明代一两银子可以买到四石白米。有位生药店经理，在商界领袖西门庆的关系企业服务月薪是二两银子。可见明代官员以二两银子作为一个月的生活费用应是绰绰有余，剩下的再置产或休闲娱乐。如此一来，明代各部会次长级人物扣除生活费，一个月便可购买一幢武大夫妇那样的房子，外加一个小丫头；如果不买小丫头，第二个月就买得起像潘金莲那样的俏佳人了。

第二章

历朝历代的古钱币

中国钱币文化是中华民族古老文明的重要组成部分。从产生至今已有3000多年的历史,由于自新石器时代至今的中国历史连续不断,民族主体前后相承,故中国的钱币文化连绵不绝、前后继承,持续发展。在本章内容中,我们一起走进各朝,看中国钱币的成长历程。

第一节 先秦钱币初长成

钱币起源在先秦

我们已经知道，中国最早的“钱”是海中的贝壳。中国金属钱币出现之前是以海贝作为货币的。由于海贝小巧玲珑，色彩鲜艳，坚固耐用而成为原始居民喜爱的一种装饰品。又由于它大小适中，便于穿串携带，容易计数，随着社会经济的发展和商品社会的形成，剩余产品的增多和“物物交换”的不便，贝壳就逐渐成为了最早的货币。夏商代（约公元前 22 世纪末—前 11 世纪）遗址曾出土过大量天然海贝。公元前 6 世纪后期，当时人们为了买一头牛，要扛上成斗的“贝币”或者“仿贝”到市场上去，如果买更贵重的东西，携带“贝币”的数量就必须肩挑、车推才行。这种单一、低面值的货币制度，一直沿用到先秦时期。

中国的一部钱币史就是一部中国历史。早在公元前 22 世纪末，中国历史上第一个朝代夏朝建立，所谓“先秦史”，就是指夏朝和以后出现的商朝、周朝（包括西周和东周两个时期，而东周，又分为春秋和战国两个时期）。这一历史阶段是奴隶制社会，属于农业经济。

早期的贝币

夏朝时，由于农业生产技术的提高，聪明的先民们发明了节气和干支记日法，农业生产工具已不再是石头制品，而是金属工具。西周实行井田制度。从那时起，畜牧业与农业逐渐剥离，畜牧水平、能力发展到较高的阶段。由于手工业逐渐发达，大批的奴

隶被送入手工作坊进行生产，商业也开始兴起，已准许人们到远方贩卖货物，并有一部分人靠经商谋生（经商的人叫“商人”，这一个称呼，一直沿用到了今天)。当时商人的地位已经很高。到春秋时期，由于实行“均地分民”与“民民分货”的政策，极大地激发了农民生产的积极性，农业生产大大提高了。手工业也得到了发展，一切器物都变得精巧轻便，便于交换。生产工具和技术的进步，农业、手工业、交通的发展，促使商业得到了更广泛的发展，开始出现集市商业。由于社会经济和贸易的客观需要，造就了商品交换的等价物——钱币的出现。

关于“太公九府圜法”

人们对姜太公并不陌生，对其印象多来自《封神演义》，并且有“姜太公钓鱼，愿者上钩”的说法。姜太公从古至今都是一个传奇式的人物。相传姜太公姓姜或吕氏，名尚，又说名牙，号太公望，出自周文王曾说“吾太公望子久矣”。爱国诗人屈原在著名诗篇《离骚》中写道：“吕望之鼓刀兮，遭周文而得宰”，而在他的《天问》中却又提出疑问：“师望在肆昌何识？鼓刀扬声后何喜?”这两句话的大意是：周文王如何与在店铺里的姜太公结识？周文王又为何会对姜太公敲击大刀大声吆喝的状态赞叹有加？可以根据《天问》提供的信息得出姜太公在被重用之前曾在店铺里做买卖的事实。关于这一点，许多先秦两汉典籍中都有记载。例如《战国策·秦策》中说姜太公曾是“朝歌（商朝都城）之废屠”。《尉缭子》说“太公望年七十屠牛朝歌，卖食盟津”。《淮南子·泛论训》说：“太公之鼓刀……出于屠酤之肆。”除此之外，《韩诗外传》《说苑》《列女传》等都有类似的记载，由此可见，姜太公曾在店铺做事这件事是有依据的。姜太公既然在店铺里做过事，那他对经济方面的事务应当是有所了解的。

据东汉班固的《汉书·食货志》记，姜太公在钱币史上干了一件具有重要意义的事，那就是创立了“九府圜法”。此书记载道：“太公为周立九府圜法：黄金方寸，而重一斤；钱圜函方，轻重以铢；布帛广二尺二寸为幅，长四丈为匹……太公退，又行之于齐。”按班固的说法，姜太公在西周所创立的货币制度是三币并行的制度，即黄金、铜钱、布帛同时流通。对于班固的这一记述，人们对此多有怀疑：一是所谓“九府圜法”这一名称与它的具体内

容关系不大；二是三币并行制度在其他史书中未有记载，特别是司马迁在他的《史记》中也没有任何提及；三是按照他的记述，西周时期就已出现了外圆内方的铜钱，但这一论断并没有考古实物可以证明。然而，班固这番话纯属虚构吗？这么多年以前，人们就此进行了无数次辩论，直到今天，仍然没有统一的理论。

1974年到1981年，鱼形、榆叶形和锚形这三种铜铸品在陕西宝鸡茹家庄、竹园沟西周鱼国22座墓葬中被发掘出来。在此次发掘中，也发掘出古钱币706枚海贝、16枚石贝、68枚玉贝。其中鱼形铸品共540枚，榆叶形铸品110枚，锚形铸品约200枚。鱼形铸品大约长4.5厘米，榆叶形铸品大约长3.5厘米，锚形铸品长2～3.7厘米，厚度均为0.1厘米左右。除此之外，还有锡制鱼形物和玉质鱼形物这两种铸品形状与鱼形十分相像。此发掘物品使人想起这类文物在清朝末年就已经出土。有些学者从它们沉重的质量判断出，这类古文物作装饰品的可能性很小，再加上它们庞大的数量断定这些是当时流通的货币。这就是说，这一地区可能因为居民主要以渔猎为生，故在西周时期可能流行过鱼形币、榆叶形币和锚形币。不过，关于这种判断，也有不少疑问。首先，这种判断在文献记载中找不到证据。其次，同一地区在同一时期为什么会出现三种不同形状的货币呢？再次，找不到与这些“钱币”有时间关联的东西，有点“前无古人，后无来者”的味道。因此，这些鱼形、榆叶形、锚形物是不是当时的货币，还不确定，有待于进一步考证。

“抱布贸丝”

《诗经·卫风·氓》中的一首诗：“氓之蚩蚩，抱布贸丝；匪来贸丝，来即我谋……”这首诗大致反映了西周时期钱币的使用情况。这是一首爱情诗，大意说：“那个青年挺实在的，抱着‘布’来换（或买）我的丝；他实际不是为丝而来，而是找我谋划我们的婚事。”诗中的“布”字，有两种不同的解释。汉代《诗经》大师毛氏、经学家郑玄都将其释为布币，“抱布贸丝”的意思就是指怀抱布币来买丝。后人以此推断出西周货币在当时已经得到大范围的使用。但西汉著名经济学著作《盐铁论》中却把“抱布贸丝”解释为物物交换，认为“布”就指布匹，东汉思想家王充也对这种说法表示认同。有后人据此种解释做出推论：西周基本上还通行物物交换，钱币应用很不广泛。

争论双方的焦点在于诗中的主人公“抱布贸丝”这一“抱”的动作。认为“布”即“布匹”的人认为，布币怎么可以用抱的？从出土的布币来看，其体积较小，是以小捆小捆的，当然要用“抱”。他们还引《韩非子·内储说》中卫国一个老太太的祈祷“使我无故，得百束布”作旁证。只不过，在考古发掘中，西周布币发现不多，因而不能把物物交换的这种说法予以否定。

后来又出现第三种说法，即认为“抱布贸丝”的“布”既不是金属布币，也不是普通布匹，而是一种实物货币。上文已讲姜太公创制的九府圜法中就有以布帛为币的记载。在战国时期，秦国可能把一块长八尺、宽二尺五寸的布作为货币使用过。魏晋到隋唐数百年间，许多地方也曾用布帛当作实物货币。当然，持这种观点的学者，认为《韩非子》中老太太希望得到的“百束布”也是这种作为实物货币的布。但是，以“麻布”为实物货币的记载在先秦文献中很少出现，因此很难证明“抱布贸丝”的布为实物货币。

“货币”的“币”字在先秦文献中屡次出现，并且都是用来指代丝织品。据此，有人认为“币”的本意就是丝织品。然而这些“币”却不是指货币，而是指“礼币”，即用于举行礼仪的物品。不过，我们讲的“钱币”“货币”中为什么都有一个“币”字，这个问题耐人寻味。

关于这首诗的写作时间，反映的是哪个历史时期的社会状况，人们并不十分确定。关于“抱布贸丝”的三种解释，因证据不足也没办法确定哪种解释是完全正确的。

中国是世界上最早铸钱币的国家吗

荷马史诗《伊利亚特》中有这样的描述：

从兰诺斯岛来了一大批
载着酒的船队……
其他的希腊人急忙前去购买，
有的用黄铜，有的用发光的铁，
有的用兽皮、牲畜或奴隶。
……

从以上描述中可以看出，当时的希腊还有铸币。在该史诗中，有盔甲值九头牛，一名女奴可换四头牛的描述。这说明当时希腊用牛作为价值尺度，

刀币

牛可能充当一般等价物。《荷马史诗》在公元前9世纪创作。考古发掘也没有发现这一时期的希腊金属铸币，也没有发现同时期其他国家（不包括中国）和地区铸行的钱币，除了中国以外的世界其他国家与地区金属钱币不仅在公元前9世纪没有任何发现，就是在公元前8世纪以前也没有任何发现。因此，国外学者一般认为，世界上最早的铸币是公元前7世纪小亚细亚的吕底亚铸就的一种金银混合、椭圆形钱币。

然而，前文已经提到，早在公元前11世纪前后的商代后期和西周，中国可能就已经出现了原始布币和金属。我国春秋早期，即公元前8世纪时期，布币、刀币可能已开始广泛。如在洛阳地区几次出土大量的大型空首布，数量较多，这些空首布重达30克，上面刻有一个字的铭文。学者们分析，这些空首布就是春秋早期的流通钱币。一些刀币也被认为是在春秋早期铸造的。这说明我国金属铸币出现的时间极有可能是世界最早的。

天时携地利，商业大潮来

1. 春秋战国时期的城市与市场

春秋战国时期，社会经济的迅速发展也大大促进了商业的兴起与发展。在此期间，农业发展达到了较高水平，牛耕和铁制农具开始出现并得到广泛推广，人们懂得了施肥可以保持地力的道理，并且修建了许多农田水利设施。例如著名的鸿沟灌溉系统、引漳溉邺水利工程、郑国渠、都江郾等都是这一时期兴建的。手工业、家庭副业也得到快速的发展。社会各行各业在农业发展的带动下获得了快速的发展，人口迅速增加，城市逐渐繁荣。赵国名将赵奢说：“古者……城虽大，无过三百丈者，人虽众，无过三千家者；今千丈之城、万家之邑相望也。”（出自《战国策·赵策》）《晏子春秋》上记，晏子出使楚国时曾描述：齐国都城临淄“张袂成阴，挥汗成雨，比肩继踵而在”，形容其人口众多，从其描绘中可体会到临淄商业极为繁荣。战国时期，苏秦又形容临淄说“车毂击，人肩摩，连衽成帏，举袂成幕，挥汗成雨，家殷而富，志高而

扬”（《战国策·齐策》）。苏秦在引用晏子原话之外，又加上了“家殷而富”等修饰语，表明临淄到了战国时期的繁华程度远远胜于春秋战国时期。

随着商业的发展，一些地方土特产开始运往其他地方，即便某一地方不生产某物，也能享受到它。如《吕氏春秋·本味》篇中就提到“洞庭之鲑，东海之鲕”“阳华之芸，云梦之芹，具区之菁”“阳朴之姜，招摇之桂，越骆之菌，大夏之盐”“不周之粟”“江浦之橘”等。李斯《谏逐客书》则讲到“江南金锡，西蜀丹青”等。《荀子·王制》更讲到全国的物资和商品的大交流：“北海则有走马吠犬焉，然而中国得而畜使之；南海则有羽翮齿革曾青丹干焉，然而中国得而财之；东海则有紫紶鱼盐焉，然而中国得而衣食之；西海则有皮革文旄焉，然而中国得而用之……故天之所覆，地之所载，莫不尽其美，致其用。”

各大小城邑为了使商业活动更加规范以及方便征收税务，于是提供场所给繁荣的商业活动，纷纷设置了“市”。《左传》记述齐王看到晏婴的家“近市，湫隘嚣尘（狭窄而环境吵闹）”，就提议让他搬家，可见当时市上非常热闹。又记鲁大夫曾阜打比方说：“贾欲赢而恶嚣乎（经商的人想赚钱还怕吵闹声吗）？”也表明了市的繁荣。《管子·乘马》上说：“方六里”称为“暴”，每二十五“暴”为一“聚”“聚则有市，无市则民乏”，可能讲的是春秋时期的情况。到了战国时期，“市”在偏僻的小城镇也出现了。如马王堆出土的《战国策》言及魏国东部有“大县十七，小县有市者卅有余”。古籍记载春秋时期，市上官方已设有专门的官吏，当时的官吏有“贾正”“市掾”“市令”等几种。《周礼》原本应是记述西周礼制的，但今人多认为它记述的内容为历史学家研究春秋战国时期的社会状况提供了素材。《周礼》记述，春秋战国时期，市中官吏各司其职，分工细致。司市对市的情况起到宏观调控作用。市师、贾师负责处理纠纷，群吏负责维持秩序，胥执鞭守门，亦有分担其他工作的质人、廛人、肆长、司稽、泉府等。这当中尽管可能存在虚伪和夸张的成分，但可以看出当时市的管理已相当完善。

2. 商人的经营活动

春秋战国时期，生产发展迅速，交通便捷，商业设施逐渐完备，在这样有利的社会大环境下，商人开始登上历史舞台，扮演重要角色。《国语·齐语》描述商人的经营活动说他们“观凶饥，审国变，察其四时，而监其乡之

货，以知其市之贾（物价），负任担荷，服牛辂马，以周四方，料多少，计贵贱，以其所有，易其所无，买贱鬻贵”。不但“旦暮从事于此”，而且“以教子弟，相语以利，相示以时，相陈（讲述）以知贾（物价）”。《墨子·贵义》讲：“商人之四方，市贾倍徙（两地间的物价差达到二倍或五倍），虽有关梁之难，盗贼之危，必为之。”《管子·禁藏》说：“商人通贾，倍道兼行，夜以继日，千里而不远。”这些文献记载不仅说明了商人的不怕辛苦、聪明机敏的群体特征，而且显示出商人们已懂得充分利用商业与政治形势、农业生产的关系，在适当的时机出手做生意，并在长期的经商生活中积累了丰富的经验。范蠡是春秋战国时期著名的商人，范蠡辅助越王勾践成就霸业后，功成身退，转而经商，“十九年中三致千金”，成为举世闻名的富贾。他在齐国做过一段时间的国相，但很快又辞去官职重新经商。重新经商后，他制订了宏伟的计划，他看中陶邑（今山东定陶）地处“天下之中，诸侯四通，货物所交易”，就在这里安了家，他和儿子苦心经营，资产发展到“巨万”。范蠡便将一部分财产用以帮助乡亲、救济贫困的人，人们称其为“为富好行其德者”（其事迹参见《史记》的《货殖列传》和《越王勾践世家》）。范蠡和白圭一起被后世尊为商人的祖师爷，即陶朱公也可以称官商。

知识链接

古代富豪的富门路

范蠡经商期间，一位名叫猗顿的鲁国人向他请教经商致富的诀窍。范蠡指导他先从经营畜牧业入手，再转向商业。猗顿经营畜牧业积累了一些财富以后，便开始经营食盐，最终也家财万贯。《韩非子·解老》中讲：“上有天子、诸侯之尊”“下有猗顿、陶朱、卜祝之富。”韩非子不但把猗顿同他的老师范蠡并列，而且将他们与天子、诸侯相比，可见他所拥有的财富之多。战国时期，乌氏倮通过与少数民族进行贸易往来致富。他经商的主要方法是把购买自内地的珍奇纺织品与少数民族酋长所拥有的牲畜进

行交换，再将繁殖得来的牲畜卖给内地居民。巴蜀地区的寡妇清因与别人经营矿产生意而走上发家致富的道路。

3. 商业理论的形成

春秋战国时期，由于商业的发展，商业理论随着经营的实践也出现了。据《史记·孔子世家》记载，孔子曾向老子求教，老子用“良贾深藏若虚”告诫孔子（《史记·老子韩非列传》）。《论语·子罕》记载，孔子与子贡有一段关于经商的对话，子贡问孔子：“有美玉于斯，韫椟而藏诸，求善价而沽诸（这里有一块美玉，是放在柜子里保藏呢，还是等待时机卖个好价钱呢）？”孔子回答：“沽之哉，沽之哉，我待贾者也（要卖，要卖，我是在等好价钱）。”他们的谈话都有意无意地涉及商业理论，这表明随着商业活动的繁荣发展，人们对于商业活动的认识也越深刻，甚至形成了系统的理论体系。在商业理论形成的同时，也产生了研究商业经营的理论家，其代表人物是计然和白圭。计然（又名计倪、计研）是越国人，据说是范蠡的老师，与范蠡一起辅佐过越王勾践。他总结出物价“贵上极则反贱，贱下极则反贵”“一贵一贱，极而复反”的变动规律（《史记·货殖列传》《越绝书·枕中》）。他认为，经商谋利的基本原则之一是要加快资金周转，即所谓“无息币”“财币欲其行如流水”（《史记·货殖列传》）。另一位商业经营理论家越国人文种（有人认为文种就是计然）曾对越王讲：“臣闻之贾人，夏则资（按此指购进）皮，冬则资𫄨，旱则资舟，水

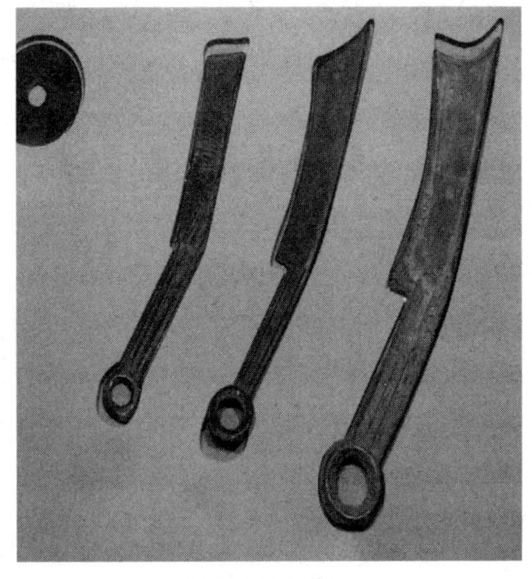

战国时期的钱币

则资车，以待乏也。”（出自《国语·越语》。）在2500多年前就已经懂得如何利用市场价值规律来寻得利润最大化，是十分难得的。白圭是战国时期周国人，他不仅总结出“人弃我取，人取我与”的经营方针，还提出：“吾治生产（按此指经营商业），犹伊尹、吕尚之谋，孙吴用兵，商鞅行法是也。是故其智不足与权变，勇不足以决断，仁不能以取予，强不能有所守，虽欲学吾术，终不告之矣。”大体意思是说，白圭认为经商是一种很庄重的事业，经商者不仅需要魄力，更需要心思缜密的谋略。所以他在经营活动中，“能薄饮食，忍嗜欲，节衣服，与用事僮仆同苦乐，趋时若猛兽挚鸟之发”（《史记·货殖列传》）。白圭和范蠡被后代商人尊为祖师。

计然、白圭等人的商业理论因其贴合现实、自成体系、成熟深刻，反映了当时社会商业的发展水平，从世界角度来看依然处于领先地位。

第二节 秦盛汉衰魏晋退

秦始皇统一货币制

秦王嬴政统一中国以后，经济迅速发展，商品流通也日益兴盛，进入了我国古代商品经济发展的第一个高峰期，在此基础上渐渐形成了我国历史上第一个结构规范完整的钱币体系。秦王嬴政（公元前210年）颁布了中国最早的钱币法，用秦国的钱币代替各国钱币，并下令废弃各国的旧钱币，在全国范围内使用秦国圆形方孔的“半两钱”。史书记载半两钱重约8克。钱币的统一，结束了中国古代钱币形状各异、重量悬殊的情况，是我国古代钱币史上由形状杂乱向形状整齐规范的一次重要变革，也是我国历史上的第一次重要的钱币改革。

《史记·平准书》："及至秦，中一国之币为二（三）等，黄金以溢名，为上币；铜钱识曰'半两'，重如其文，为下币。而珠玉、龟贝、银锡之属为器饰宝藏，不为币。"《汉书·食货志》也有类似记载。根据这些记载和考古资料，秦统一货币的具体内容主要有：

1. 统一货币的种类

废止六国货币，定币制为上、下两等（或谓加布为三等）：贵金属黄金为上币，主要用于赏赐、馈赠等大宗交易；铜质货币为下币，主要用于日常交易、交纳赋税等。以前在一定程度上起到过货币作用的珠玉、龟贝、锡银之类都不能作为货币。贵金属黄金无非是饼锭类，并没有铜质货币那样专门正式的形制，其流通范围也有限。铜质货币早在先秦时期就十分盛行，至秦更被作为全国主要的法定货币。在秦朝以铜币作为主币，而不以金银作为主币的特点已经定型了。咸阳长陵车站曾出土一坑废铜和六国废币，其中有齐燕刀化、三晋平首小布、楚国蚁鼻钱及长布等，除蚁鼻钱外均属残币，朱活认为这是聚六国旧币而融于咸阳的反映。

秦朝金币

2. 统一货币的名称

铜质货币称"铜钱"或"钱"，取消布、刀、化（货）等名称。

3. 统一货币的形制

方孔圆钱是秦国的主要钱币，秦统一后将其作为法定货币是在情理之中的，因为在战国晚期就通行于楚国之外的各个地区。当然圆形方孔也确实有

自身的优点，如圆转耐磨、携带方便等。又与“天圆地方”的古老观念有联系。于一钱之中，天地皆备，万宇一统，象征君临万方，皇权至上。

4. 统一货币的单位

钱面均铸“半两”以记重，规定重如其文。《史记·平准书》说，西汉初年“为秦钱重，难用，更令民铸钱”，说明秦钱总体上较为厚重。《史记·六国年表》记载，秦二世胡亥即位后“复行钱”，即再一次颁布币制和发行半两钱，这次的半两钱可能减重甚多。

5. 统一货币的立法

颁布《金布律》，统一全国钱币立法。并收回铸钱权，由官府统一铸造，不许民间私铸。在云梦秦简《封诊式》中就记载有一起破获私自铸钱的案例。

秦钱厚重，自然与私铸较少有关。但并不排除地方政府铸造的情况。例如，在安徽贵池和四川高县就出土有秦半两钱范。

总之，秦统一币制是巩固封建统治的必然要求，因为这是加强国家统一的重要环节，是发展封建经济的重要手段，对扩大经济交流和市场起到积极作用，对以后的钱币体制有深远影响。这种具有宇宙观“地方天圆”含义的半两钱形制从这个时候固定下来，一直沿用到民国初期，通行了2000多年，成为中国钱币发展史上的一座重要的里程碑。

需要提一下秦汉的金币。秦始皇以黄金为钱币，用镒作为单位（合计20两），大多作为皇帝对臣子的赏赐和大宗支付。到西汉时改用斤（合计16两）为单位，黄金的使用流行一时，具体形态有金饼、金版。其间，王莽所铸造的“一刀平五千”“一刀”两字是用黄金装饰而成的，每一枚的价值是五千五铢钱，这就是中国古代有名的“金错刀”货币。东汉建立以后，黄金已经用作流通的手段了，《后汉书》中就有这样的记载：“货币杂用布、帛、金、粟。”可以说我国金币的使用早有渊源。

汉初铸钱很自由

有人认为秦国国家垄断铸钱是从惠文王二年“初行钱”开始的。商鞅是

主张“壹山泽”的，但不清楚他的这一主张中是否包括国家垄断采矿和铸钱，以及他在变法中是否拟定了这种法令并不明确。如果是这样，则秦惠文王二年的“初行钱”就是继续推行商鞅尚未来得及推行的立法了。后来出土的秦国《金布律·封诊式》中，记述有人举发盗铸钱的事，表明秦国时期确有禁止私自铸钱的立法，说明秦国确有国家垄断铸钱之事，只是不能确定是否始于惠文王二年。由于秦始皇统一六国后所推行的一统国家的制度大多来自战国时期秦国的制度，所以秦国实行国家垄断铸钱的可能性很大。成书于北宋以前的《楚汉春秋》一书也为秦朝推行国家垄断制币提供了证据，本书记载了秦朝末年项梁部下违反法律私自铸钱一事。据《史记·平准书》记载，到了西汉初年，因“秦钱重难用，更令民铸钱”。所谓“令民铸钱”，可理解为国家不再垄断铸钱，允许百姓自己经营铸钱。于是“榆钱”（“榆钱”与下文的“荚钱”是一种很小的钱，因小得像榆荚而得名）盛行。由于榆钱太小，购买力太低，经济恢复以后，人们便感到不方便。吕后二年（前186）官方铸行八铢钱，吕后六年（前182），又改铸行五分钱。关于吕后六年所铸五分钱的“五分”之意，从外形与重量角度讲有两种含义：一是指钱的直径有五分（即半寸），一是指钱重为半两钱的五分之一。这两种说法都认为五分钱是一种较小的钱币。可能人们使用小钱习惯了，一下子改用较大的不习惯，所以又重新改用小钱了。榆钱、八铢钱和五分钱因为钱文都是“半两”二字，

半两钱

所以都属于半两钱。

不管是直径还是重量都不同，这从存世和出土的半两钱（包括战国时期秦国，秦朝和西汉前期三个时期铸行的）就可以看出来。大的半两钱的直径、重量等，往往是小半两钱的许多倍，但因钱文都是“半两”，这表明半两钱的减重是很明显的。大概自战国以后所铸的半两钱重量都有所减轻，只有战国时期秦国所铸的部分半两钱是货真价实的。

汉武帝轻重理论破商贾

司马迁在《史记·货殖列传》中分前后两部分详细记述了秦以前和西汉前期的工商业者，其中所记录的西汉前期的商人数量大大超过了秦以前，这说明西汉前期的工商业发展比之春秋战国时期有了进步。西汉初期，尽管官方沿袭了秦朝的轻商政策，但是商业仍然发展迅猛。用司马迁的话来讲，就是：“汉兴，海内为一，开关梁，弛山泽之禁，是以富商大贾周流天下，交易之物莫不通，得其所欲。”司马迁在书中详细描写了以冶铁致富的蜀卓氏、程郑、宛孔氏、曹邴氏，记述了“逐渔盐商贾之利”善使豪奴的刀闲，记述了有数百辆车，积资七千万的师史，还记述了经营粮食起家的宣曲任氏、经营高利贷的无盐氏等。这些工商业者在拥有了丰厚财产的同时获取了较高的社会政治地位，即所谓“大者倾郡，中者倾县，下者倾乡里”“千金之家比一都之君，巨万者乃与王者同乐”。

汉武帝时，齐地临淄人主父偃对汉武帝讲：“齐临淄十万户，市租千金”（《史记·齐悼王世家》），所谓市租，是当时的一种商业税，汉武帝时市租这样多，说明临淄的商业十分兴旺。

商人的势力随着商业的发展而不断壮大，这引起了以贾谊、晁错等为代表的统治集团的担忧。贾谊认为，由于商人势力发展，造成了礼法的被破坏，“帝之身自衣皂绨，而富民墙屋被文绣；天子之后以缘其领，庶人孽妾其履（意即皇后装饰衣领的东西，普通百姓家的小妾却用来装饰鞋）”。上下尊卑的关系全被商人倒置了。最使统治者忧心忡忡的是在商人们经营的盐业和矿业中劳作的人有限，多是逃避官府抓捕的罪犯，因为这些产业大都在偏僻地区，政府难以下手进行治理。所以，当时统治者对工商业者势力膨胀十分担忧。

当年西汉财政十分吃紧，汉武帝发动了对匈奴的战争，而让汉武帝十分

王莽契刀

恼火的是工商业者们不但不援助国家，却乘机做投机倒把生意，为自己谋取福利。朝廷将给国家捐献财物的卜式等树为榜样，要工商业者效法，但几乎没有响应者。这促使汉武帝下决心打压工商业者势力，把工商业者手中的巨额财富由政府直接控制，汉武帝下令推行全新的根据轻重理论制定的经济政策，下令由上林三官铸造新的“五铢钱”（24 铢为 1 两），从此以后只有中央才有铸钱的权力。这项政策确定了西汉政府对铸造发行钱币的绝对权力，这也是历史上第一次货币标准化，上林三官成为第一个由国家铸造钱币的工厂。此后，中央政府一直管理铸造钱币，从正面来说，对稳定各个朝代的经济和政治发挥了重要作用。五铢钱因其轻重合适、大小适中的特点，成为中国历史上流通时间最长、最成功的货币。据考证隋朝是最后一个使用五铢钱的朝代，因此被称为“长寿钱”。西汉汉武帝任用咸阳、孔仅、桑弘羊等人，实行盐铁禁榷、榷酤、均输平准及算缗等制度。算缗颁布于元狩四年，而真正认

真贯彻于元鼎二年。算缗是国家向工商业者征收的一种资产税，关于民众偷税漏税算缗者的惩罚办法称为告缗。算缗令规定：凡工商业者有资产价值二千钱者抽税钱一算，计一百二十钱（一说二百钱）。另外，有轺车（一种小马车）者收税二算、船长五丈以上一算。告缗令规定，偷漏算缗者，不仅没收其全部财产，而且罚其戍边疆一年，把没收财产的一半赏赐给告发者。算缗税率沉重，工商业者除此税外，还要负担市租等，负担空前沉重。算缗令要求工商业者自己申报资产，这又使他们陷入选择两难的境地：多报难以负担沉重的税收，少报则有重罚，不多不少难以做到。加上贪官污吏作弊，算缗告缗令实行的结果，"商贾中家以上大率破"。

元鼎二年，在大农丞任上，桑弘羊提出了均输平准法，并于元封元年推行至全国。均输的含义是，根据各地的物价等情况，调整各地工商业者向朝廷运输钱财实物的品类和数额，力求达到不增加税额而最大限度地提高经济效益的目的。

平准的含义就是国家调控物价。具体做法是：各郡设输官，京师设委府，如某地货物价高质次，就在当地卖掉，或改征价钱，然后用所得钱到物美价廉处购买。国家为了平抑物价根据商品价格的变化，而选择大量买进还是抛售此种货物。该政策实行以后，均输平准成了官营商业，朝廷的实际收入大量增加。

御史大夫张汤在元狩三年（前120年）"承上旨"请求"笼天下盐铁，排富商大贾"。具体做法是：国家选定场所划定产盐区域，在各产盐区设立盐官（见于记载者共35处），令盐民在规定盐场内，用官府借给的器具，晒盐取汁，再用官府置备的煮盐盆煎盐，所产盐国家统购统销，严禁盐民私自煮盐、卖盐以及商贾私买私贩。从此以后，国家垄断食盐买卖，将食盐高价卖给民众，从中牟取利润。

在各铁矿产区设铁官（见于记载者共48处），在不产铁地区各县设小铁官，负责销售。由政府统一管辖的铁官组织工匠、百姓及罪犯等从事铁矿的开采、冶炼及制具和销售。严厉打击私人开矿冶钱行为，处罚措施有监禁、左脚带六斤重铁锁，并没收冶铁工具。

汉王朝于天汉三年推行榷酒法，榷酒法是指国家垄断经营酒类，但具体做法已经无从考证。盐、铁、酒是当时最有利可图的三种行业，先秦和西汉不少商人都是通过经营这三种行业发家的。西汉时期，这三种行业中都被封

建国家垄断了，私人工商业者暂时失去了在这三种行业进行经营的权利。

由于汉武帝的这些经济政策，私人工商业受到严重打击，在此后许多年中，私人工商业迟迟不能恢复。从整个中国的历史发展来看，或许可以说，汉武帝时期是私人工商业发展的一个转折时期。此后数百年中，工商业的发展程度都没有超过战国时期和西汉初期。这对中国货币经济的发展，产生了非常深刻的影响。

这些将盐、铁、酒经营权收归国家的政策确实很快增加了财政收入，但却加剧了百姓的贫困程度和民营商业的衰败。

由盛渐衰，王莽作怪

我国钱币史上的第一次由盛到衰的变化，应该说是从汉武帝摧残民营商业开始的，但起初表现并不明显，钱币走向衰落表面化，是从王莽篡夺政权并改变原有币制开始的。虽然王莽新朝存在时间很短，但其在中国钱币史上的地位却比较重要。

要了解王莽推行的货币制度，必须对王莽政权的建立及其推行的经济政策有一个整体的了解。

王莽是汉朝皇室的外戚，他野心勃勃，元始五年（公元5年）将汉平帝毒死，另立汉宣帝的玄孙孺子婴为皇帝，自封“摄政”，改年号为“居摄”。王莽做了摄政并不满足，在做摄政三年后把孺子婴赶下台，迫不及待地做了皇帝，并改国号为“新”。

王莽自幼拜儒者为师，穿儒生的衣服，办事常常引经据典，即所谓“每有所兴造，必欲依古得经文”。他在掌握了政权以后，就实行大规模的“改制”。他的“改制”也是在复古尊经的旗帜下进行的。他在做了皇帝以后，任命大儒刘歆为国师，协助他“改制”。然而实际上，他在经济上推行的“新制”，却主要是与轻重理论相联系的，或者可以讲，他改制的主要政治依据，是披上了儒家外衣的轻重理论。他的“新经济政策”可以简单地概括为一句话：在土地所有制上实行“王田制”，在其他方面实行“六管”。

所谓实行“王田制”，即土地国有。实行王田制后，禁止土地买卖，由国家统一安排土地的使用。这项政策主要是依据儒家的井田制理论，与轻重理论关系不大。

所谓实行“六管”，即对铸钱、五均赊贷、酤酒、盐、铁、山泽（一说盐、铁为一事，另有布帛）六个方面的事务实行国家管制。如何管制呢？除铸钱一事下文详述外，先对其他五事略作介绍。

五均赊贷是六管中内容最丰富的一项，王莽声称推行它是为了“抑并兼”。所谓五均，实际就是讲要平抑物价。具体做法是在各地设五均官吏，根据朝廷规定的基准物价（市平）贱买贵卖，调剂市场。所谓赊贷就是官方经营赊贷钱物。有关城市工商税收等，也被纳入五均赊贷范围。

酤酒、盐、铁三项，具体做法虽有改变（如官卖酒规定了本三利七的定价办法），但大抵不过是汉武帝时的榷酒、榷盐、榷铁的翻版。所谓山泽，新朝规定，凡从事打猎、捕鱼、畜牧者，以及从事桑蚕纺织缝补业的妇女，须向官方登记入册，按纯收入的1/10纳税。

王莽还下令“禁不得挟铜炭”，这一规定成为我国官方正式实行铜禁的开端，虽然贾谊曾建议实行铜禁，但未被采纳。

显然，六管的大部分内容不但同轻重理论紧密联系，而且有许多是对汉武帝经济政策的继承。

我国历史上钱币发行最混乱的时期是王莽时代。王莽于公元7年推行“宝货制”。“宝货制”内容为五物、六名、二十八品。五物包括金、银、铜、龟、贝五种币材。六名为金货、银货、龟货、贝货、泉货、布货六大钱币类型。二十八品是指不同材料、不同造型、不同单位的二十八品钱币，均为法定货币。即在保留五铢钱的同时，又发行三种钱币。一是大钱，它因为尺寸较大，其每枚价值也比五铢钱要高，是五铢钱的五十倍，形状近似五铢钱。二是金错刀，它的形状与先秦的刀币接近，但不同的是，它的刀头很大，实际上刀头与普通五铢钱形状几乎一样。因其币文用黄金填充，所以称金错刀。每枚金错刀值五千五铢钱。三是形状与金错刀相似的契刀。契刀币文表示官方规定其价值，如“契刀五百（每枚值五铢钱五百）”。契刀上没有用黄金填字。王莽下

王莽岭

令列侯以下的人所拥有的黄金一律上缴，不得私藏黄金。此次实施的币制，换算极其烦琐，又十分混乱，结果导致民心大乱，商品流通滞缓，民间私下仍用五铢钱来交易。政府每次更改币质，都是以小换大，以轻换重，无形之中就搜刮了老百姓手里的钱财。在短暂八年时间进行的四次币制改革，都不是把商品流通需要作为出发点的，而是统治阶级在随心所欲地变化钱币制度。王莽的横征暴敛在加剧了自身灭亡的同时导致了钱币的衰落。

当然王莽的所作所为也有值得注意的地方，王莽铸行的钱币很典型，历来为人们所珍视，与宋徽宗钱、金章钱并称为中国钱币史上的“三绝”。由于铸钱的文字俊丽、工艺精致、玲珑可爱、造型别致，王莽也得到“古今第一铸钱好手”的美誉。比如后世文学作品中经常提的金错刀不仅造型令人想象，而且十分精美，为后人所珍爱。如东汉张衡《四愁诗》中有，“美人赠我金错刀，何以报之英琼瑶”的名句（有人认为其中“金错刀”是指装饰有填涂黄金花纹的宝刀，但“美人”赠人宝刀似不如赠人珍爱物更合情理，且与下文“英琼瑶”更相称）。杜甫《对雪》诗讲：“金错囊徒罄，银壶酒易熔。”韩愈《船》诗讲：“尔持金错刀，不入鹅眼里。”又《潭州泊船》讲：“闻道松醪贱，何须吝错刀。”杜甫、韩愈诗中金错刀都代指钱，不是指宝刀。北宋文人刘敞请梅尧臣喝酒，取出自己收藏的齐国刀币和王莽金错刀以助酒兴，梅尧臣赋诗道：“探怀发二宝，太公新室钱……次观金错刀，一刀平五千。精铜不蠹蚀，肉好钩婉全。”可见当时人们对金错刀的态度不像汉代文物。有人认为是一种铁制五铢钱，但史书却记载公孙述铸铁钱后，当地百姓不满，流传民谣说：“黄牛（指王莽）白腹（指公孙述），五铢当复。”如果公孙述所铸币文为“五铢”，民谣就不应该说“五铢当复”。

东汉时期，因钱币较少创新，大部分时间都用五铢钱，因此东汉时期在我国货币史上并不出彩。东汉五铢钱（四出五铢除外）完全仿效西汉，以至于难以区分二者。在铸造工艺、用料等方面，也未见有明显变化。东汉甚至从未铸造发行虚额大钱。

汉桓帝时，国库吃紧，有人建议发行大钱，但文士刘陶坚决反对。他讲，眼下国家的最大忧患是百姓生计困难，而铸大钱不仅对国家财政状况毫无缓解之力，而且会加剧百姓的贫困。朝廷采纳了他的意见，铸行大钱之议于是被取消。

经过上文描述，可见在钱币方面，东汉时期明显衰败于西汉时期。

魏晋乱世祸钱币

东汉以后，中国的货币更为衰落。东汉末年，外戚与宦官迭相为患，政治黑暗，民不聊生，于是爆发了黄巾大起义。在统治者镇压黄巾起义的过程中，天下形成了诸侯割据的局面。诸侯纷争的结果，又形成了三国鼎立的局面。晋朝取代了魏，又灭掉了西蜀和东吴。

晋朝攻灭东吴以后仅十年，晋武帝司马炎刚一去世，统治集团内部就发生内讧，随即爆发了八王之乱。动乱持续了16年，各王引北方少数民族贵族势力为援，这些少数民族贵族在自己势力扩张后各自建立政权，即所谓“五胡十六国”，西晋终被少数民族政权的军队攻灭。

北方各少数民族纷纷建立政权，统称十六国，而东晋不得不南迁，逐渐形成南北对峙格局。后经过百余年的混战，拓跋氏北魏终于统一了北方。此前和此后，北方政权与东晋南朝的战争时起时伏，断续不止。北魏后来分裂为东魏和西魏，东魏变成北齐，西魏变成北周，东魏与西魏、北齐与北周间的战争从未停止。伴随政权更迭，往往也有动乱和厮杀。

南朝先后有宋、齐、梁、陈四个朝代。各个朝代，也都是祸乱频生。以梁朝为例，梁朝共有四个皇帝，都不得善终。梁武帝建立梁朝，晚年在“侯景之乱”中被害。梁简文帝也被侯景害死。梁元帝做了西魏军的俘虏后被杀，梁敬帝在禅位给陈霸先后被害，年仅16岁。统治者尚且如此，普通百姓在动乱中就更难自保。

这样，在三四百年间，可以说是战乱时多，安定时少。中国的总人口，从东汉桓帝永寿二年（156年）时的1600余万（一说为1060余万）户5000余万口，骤减为唐朝初年的300余万户，就是对这一时期经济衰退的最好说明。

有时历史会出现惊人的巧合，中国钱币史上的两个著名事件的年份恰恰都是221年（一个是公元前221年，一个是公元后221年）就是例子。公元前221年，秦始皇统一中国，废止战国时期多种多样的货币，实行统一币制：“中一国之币为二等，黄金以溢名，为上币；铜钱识日半两，重如其文，为下币。”于是贵金属黄金在中国历史上第一次成为法定货币，这充分说明当时货币经济的兴盛。而在公元后221年，即三国曹魏黄初二年，却正式颁令停止

使用铜铸币五铢钱，不是行用黄金或白银，而是“使百姓以谷帛为币”。由广泛使用贵金属作货币，到以实物谷帛为币，这无疑是一种历史的倒退。

此阶段钱币的衰落，还突出地表现在铸钱数量的减少上。虽然东汉铸钱数量缺乏可靠的统计数字，但比西汉少是肯定的。三国时期魏国在文帝黄初二年以前虽恢复使用五铢钱，但是否铸造过五铢钱却不见记载。魏文帝既下令以谷帛为币，则自然不会再铸钱。

魏明帝再次恢复五铢钱的使用，但此后曹魏是否铸过五铢或别种钱币，史书也未有记载。东吴、蜀汉都铸造过当百、当千的大钱，却似乎都没有铸造普通五铢钱或别种当一的小钱。从西晋立国到（刘）宋文帝元嘉初，一百五六十年，官方一直没有铸钱。宋文帝元嘉七年（430 年）铸行五铢钱，这是自东汉末年以来见于记载的第一次官方铸造五铢钱。

此后南朝各代虽陆续铸造，但数量不多，且时时间断。据郦道元《水经注·河水注》记，与东晋南北对峙的前秦，曾用两个残留的“秦始皇金人”铸钱。但前秦的钱现今不存，而且据记载苻坚原想把第三个“金人”也用来铸钱，还没运到前秦就灭亡了，据此可看出铸的钱不多。北朝北魏早年一直没有铸造钱币，到太和十九年（495 年）才铸行“太和五铢”，当时已建国一百余年。此后虽又曾铸行几种五铢钱，但数量都很少，民间主要使用前代遗留的旧钱币。北齐和北周铸造的主要是大钱，其他铸钱很少。

《宋书·刘秀之传》记，刘宋前期，“汉川（今陕西南郑一带）悉以绢为货”。《隋书·食货志》记：“梁初，唯京师及三吴、荆、郢、江、湘、梁、益用钱，其余州郡，则杂以谷帛交易。”陈朝“承梁丧乱之后”“兼以粟帛为货”。北齐“冀州之北，钱皆不行，交贸者皆以绢布”。其他史籍也记载了类似情况。只是被排斥的铜钱被请回来以后，就由原先的谷帛为币变为钱、谷帛同时为币。

在谷、帛二者之间，“谷”价低质重，不便应用，所以似乎用“帛”的场合更多。晋代皇帝以绢帛代金钱赏赐臣下，其实不只晋代，整个南北朝甚至隋唐时期都时常有赏赐绢帛的情况。不但赏赐绢帛，而且官兵俸禄也部分地支给帛，北齐时甚至以匹帛定俸禄等级，如规定“官一品每岁禄八百匹”“九品二十八匹”等。支出用帛，相应地，税收也往往征收帛。官方还用帛来量刑，如规定偷盗物品折合帛若干匹就判什么罪等。南朝萧齐的竟陵王萧子良甚至讲：“钱帛相半，为制永久。”

东汉中叶以后，劣币开始泛滥。比如剪廓钱的流行，这也是我国钱币史上的奇特现象。所谓剪廓钱，即指把完整的钱（通常是五铢钱）剪掉（实际是用专门工具冲凿）外沿一圈后的剩余部分，当时它们竟也大量地用于流通。洛阳烧沟东汉晚期墓葬中一次便出土剪廓钱2000枚。东汉以后，魏晋南北朝时期，这种剪廓钱也长期作为钱币使用。人们一般认为，被剪凿下的部分被用以另外铸钱，所以剪廓钱就是一种减重钱。

当时人们为什么不采取销熔旧钱改铸减重钱的办法，而采取这样一种看来笨拙的办法呢？人们没有确切的答案。出土的除这种剪廓钱外，还有被冲凿下的五铢钱的环形外圈，它们是否像剪廓钱一样流通，看法不一，由于它们出土数量远远少于剪廓钱，许多学者认为它们不用于流通。

汉献帝初平元年（190年），袁术、曹操等起兵讨伐董卓，董卓挟献帝入长安、铸行小钱，据说董卓不但下令销熔五铢钱，而且将洛阳和长安的铜人、铜马、铜乐器等都销熔用以铸造小钱，其中还包括秦始皇令人铸的“金人十二”中的九个。

据《三国志·魏志》记载，董卓铸行的小钱“大五分，无文章，肉好无轮郭（廓），不磨键。”显然是既轻小，又粗劣，没有钱文的钱币。这种钱币自秦统一以后似乎是第一次出现。

东晋多用孙吴时的旧钱。大的叫比轮，大约是孙吴时铸的大钱，人们夸张它大如车轮，所以称为“比轮”。中的叫四文，今人尚未弄清指的是哪种钱，“四文”的含义是什么。当时还流行一种钱，被称为沈郎钱，据说是本朝沈充在吴兴起兵响应王敦叛乱时铸造的，又轻又小。这种钱在南北朝时期多有仿造，影响较大，于是沈郎钱成为劣币的代称。由于沈郎钱又轻又小，在文学作品中又成为榆荚的代称，常常见诸诗文。例如“谢家轻絮沈郎钱”“绿榆枝种沈郎钱”等。南北朝时期劣币时时泛滥，有“对文”“鹅眼”“延环”“生涩”等许多名目，今人难以弄清这些名目的确切含义。北朝人说他们那里的劣币“薄似榆荚，上贯便破”“风飘水浮”；南朝人则讲他们那里的劣币“一千钱长不盈三寸”“入水不沉，随手破碎”“十万钱不盈一掬”。这些显然带有文学夸张色彩的语言，生动地说明了劣币的轻小和质次。

知识链接

三国时的货币流通情况

三国时期，由于魏、蜀、吴三国的社会形态和经济基础不同，货币流通情况很不一样，但是三个国家基本上都使用过形同汉制的五铢钱。后来在成汉国汉兴年间，四川成汉李寿铸造了“汉兴钱”，这也是我国最早的年号钱。南北朝的货币经济相较魏晋时略有恢复和发展，但是社会依然处于动荡战乱的时期。刘宋、萧齐、梁、陈、北魏、东魏等国家均使用自铸钱币，出现了钱币的非统一和持续混乱局面。

谷帛为币，劣钱泛滥，魏晋乱世将货币发展抛入了历史的一个严重低谷。

第三节 隋唐钱币盛况

隋文帝整顿币制

隋朝享祚 37 年，其中，隋文帝在位 23 年，隋炀帝杨广在位 14 年。以大业元年（605 年）为界限，可将隋五铢分为前后两期。前期为隋文帝开皇元年至仁寿四年，为了推行新币制，隋文帝采取了一系列措施，既保证了隋五

隋五铢钱

铢在流通领域的主导地位，同时对私铸现象予以严厉打击，而且保证了隋五铢的铸造质量。

隋文帝在开皇三年（583 年）四月，命令全国各关隘均用 100 个隋五铢样钱置于关口，凡携带铜钱进出关口都要对照检查，符合标准的才能放行，不合标准的钱则必须扣留销毁，前朝的古钱也一律销毁。这样一来，全国推行隋五铢很有成效。统一后的隋钱，钱文继承了汉代五铢，但风格却完全不同。隋五铢面背周郭精整，钱文深峻，字狭缘宽。规定左方靠近穿孔处有一竖画，其余三面无郭；“铢”字“金”首三角内斜，“朱”首方折。铜色清淡，色泽银白，币材配制独特，铅锡比例高达 30% 以上，故称为白钱。

开皇元年至开皇五年这段时间，铸钱称“开皇五铢”。虽然数量少但大都精美厚重。隋炀帝即位以后，大兴土木建设东都，动用民工 200 万人；开凿运河，又征集民工 700 万人；修筑长城，添壮丁 100 余万。由于各种重大工

程同时并举，巨大的支出一下子使国库空虚。于是，隋炀帝到处开炉铸钱。新铸的五铢，钱缘不整，钱文模糊，质薄体轻，起初每千钱五铢还有两斤重，后来只有一斤重。与此同时，其他钱币也私下流通，使得隋文帝时期铸行的“开皇五铢”流通量大大减少。隋末五铢的混乱已经预示着五铢钱730余年的流通史即将画上句号，这是南北朝政治经济发展的必然结果。由汉至隋，五铢钱从钱名到重量都发生了太大的变化，改变钱币的历史重任，自然而然地落在了唐朝身上。

唐高祖挑重担，“宝”钱通后世

隋末，各地起义风起云涌，社会动荡不安。隋朝的大官僚唐国公李渊，借助农民起义的力量夺取了全国政权。这个政权就是后来的唐朝。唐初期，国家统一、政局稳定，社会经济得到高度繁荣和发展，这些有利条件促进了钱币多样化的发展，我国商品经济发展进入了第二个高峰期，并且以前所未有的形势冲击着、影响着社会生活的各个方面，其中包括钱币。特别值得一提的是621年，唐高祖李渊改革货币制度，废止轻重不一的历代古钱币，根据“开辟新纪元”之意，铸造发行了“开元通宝”钱，钱文为大书法家欧阳询所写。从此，指示重量的五铢钱开始淡出历史，以纪年为标志的元宝、通宝开始展示我国的货币文化，这也是我国货币自秦王嬴政统一货币后的第二次货币改革。“开元通宝”的铸造，具有划时代的意义，它是我国最早的通宝钱。通宝沿用到辛亥革后的“民国通宝”，前后一直流行了1300多年。

唐朝开国皇帝李渊初入首都长安时，民间使用的是隋代的钱，一斛米要八九万枚。改铸推行新币，取名为“开元通宝”（也有读作“开通元宝”的，按照开创安定完美生活和新纪元的意思来说，读“开元通宝”比较合适）。“通宝”也就是通行的货币。“开元通宝”钱直径八分，重二铢，积十钱为一两，千钱重六斤四两。因为唐代一斤比西汉一斤重一倍多，故“开元通宝”比西汉“五铢”钱略重。

“开元通宝”钱的创制与秦“半两”、汉“五铢”钱一样，是中国货币史上具有划时代意义的大事。从这时开始，衡法两以下不再以铢为计算单位（唐以前是用铢，二十四铢为一两，是二十四进位），而是改用两、钱、分、厘的十进位法，其中一钱为3.73克，即指“开元通宝”一枚钱的重量，十钱

"开元通宝"等于一两。"开元通宝"还以其大小轻重适中、名称形制合宜等，对中国币制具有深远的影响。此后明清两朝均采用这种形制，五代的南唐也铸造过"开元通宝"它不仅是唐代的主要流通货币，而且在其后1000多年中，统治者争相效仿，堪称楷模。

中国先秦两汉时期商业活动的一个重要特征，是交易活动被限制在"市"内进行。所谓市，在这一时期中就是一个由墙或栅栏围成的矩形场地。市有市门，有士兵把守，市的周围也有士兵巡查。市内有市楼，市楼是市的长官办公处，同时也是监视整个市的交易活动的制高点。古人称市的围墙为阛，称市门为阓，所以后代就以阛阓为商业区的代称。官方规定，所有交易活动都必须在市内一定时间里进行，禁止在市以外的地方进行商业活动。唐代这种封闭式的市和关于交易必须在市内进行的规定尚存在，但时时被破坏。这个时期各种官商分利的经济活动展开，官方从这些活动中获得了巨大的利益。唐朝时期的商业显示了勃勃生机，这是自汉武帝以后商业发展的又一亮色，也是我国商业发展史上的一个重要转折。

城市发展与货币

城市的发展也是推动商业和货币经济发展的重要因素。中国中古时期的城市虽然不同于欧洲的城市，没有自治权，但它们却名副其实的是所在地区的政治、经济中心，一般都地处要津，交通便利，它们的人口众多，更是同时期欧洲城市所不能比拟的。不少城市的人口超过十万，京师的人口甚至超过百万。除了大城市以外，唐朝时期还出现了众多的中小城镇。城市人口的增加提供了巨大的市场，促进了商品生产和交换的发展。

贵妃的甲痕

唐代铜钱单从币文看，都有“开元通宝”四字，有一些差别也是细微的，如字体上稍有“左挑”“右挑”“双挑”等不同，除少数大钱外，大都相似，近乎千篇一律。但是引人注意的是唐代铜钱背面有些“甲痕”，还有一些标有铸造所在地名称。关于唐铜钱上的“甲痕”，郑虔所写《会粹》记载了一个逸闻。文德皇后将欧阳询进献的蜡质钱样掐了一下，结果就留下了一个甲痕。负责铸钱的工匠以为甲痕是原本就有的，于是照此蜡样所铸的钱就都带有月牙形甲痕。于是铸出的钱背上便都带有月牙形甲痕。这一说法在以后撰写的书籍中多次被提到或引用。然而这种说法存在自相矛盾的地方。首先欧阳询是武德年间人，这则故事应该发生于公元621年，初次铸开元通宝钱的时候，皇帝是唐高祖而非唐太宗，而书中所说的文德皇后是唐太宗的皇后长孙氏，当时并非皇后。其次，假如如上所述是欧阳询最初进钱样时就带上了指甲痕，则此后唐朝的开元通宝钱钱背上应该都带上指甲痕，但是开元通宝钱有甲痕的只是少数。大约生活于五代的凌璠，在《唐录政要》中也记载说，开元通宝钱背的月牙纹是唐高祖的窦皇后（太穆皇后）的指甲痕。这种说法较前种说法有合理的地方，因为窦皇后是唐高祖的皇后。但北宋大史学家司马光认为其中亦有错误，因为铸造开元通宝钱时窦皇后已经去世，当然不可能在钱样上留下甲痕。北宋时（或许较早）又出现了第三种说法，即留下甲痕的既不是文德皇后，也不是太穆皇后，而是风姿绰约的唐玄宗的宠妃杨贵妃。这种说法因出现较晚，并且传奇色彩较浓，因此可信度较低。尽管三种说法都有问题，但它们全都讲钱背上的月牙纹是甲痕，因此甲痕说可能有其合理之处，所以不能被完全否定。

开元通宝

除了甲痕说以外，近年有人又提出两种新见解。一种说法

是，西方的罗马和波斯帝国都曾铸行过背面带星月纹的银币，唐代开元通宝钱背的月牙形纹可能受此影响。另一种见解认为，开元通宝钱背的月牙纹是铸钱工匠做的一种记号，以示区分及确定各自责任的。他们说，不仅开元通宝有月牙纹，宋元两代不少钱币的背面都有月牙纹。总之，开元通宝钱背的月牙纹问题一直没有合理正确的解释。

关于“甲痕”的记载还说明了样钱这一铸钱重要工艺的出现。唐初所献的蜡样，是一种样钱。样钱也有用木料或铜雕成的，称“雕母”。唐朝以后，钱币制造工艺是钱样在得到朝廷认证批准以后，再依钱样造一些母钱，而后各铸钱单位依母钱制作钱币。

第四节 两宋兴亡元独行

极盛时期

宋初市的格局和关于市的规定被完全打破，商业活动在时间和空间上都不受限制，阛阓的局限被冲破，这得益于商品经济的发展，因为交换的日益频繁使得货币需求量迅速增长。于是商业街出现了，早市和夜市出现了，商业呈现出前所未有的繁荣景象。与此同时，官方对商业的态度也有所改变。这是因为，货币在这一时期以高度的艺术和丰富的数量，把我国钱币文化推向了一个新的高峰。两宋皇帝共改了55次年号，铸造了6种非年号钱和45种年号钱，书法娟秀，铸造工艺十分精良。其中，南宋以铁钱为主，北宋以铜钱为主。这一时期，北宋在四川创印了纸币“交子”，其名称可能来源于当时的四川方言，有取钱给存户、交付存根和收据的意思。其产生的原因是铁钱的流通不便和铸钱的铜料紧缺。政府为了纸币流通的顺畅也制定了相应的钞

法。下面我们来详细介绍一下宋代的年号钱。

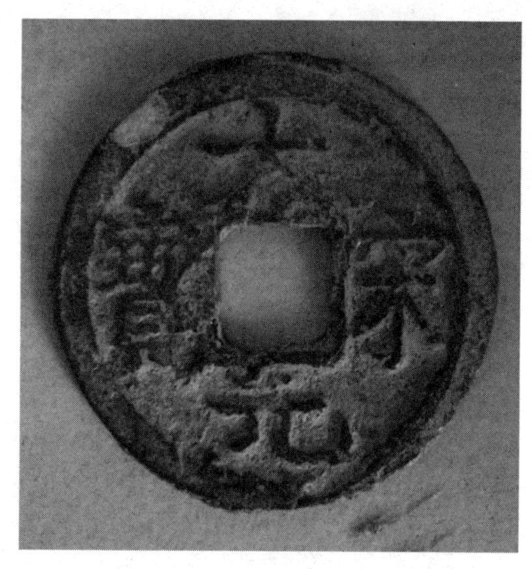
大宋元宝

铜钱的圆形方孔基本形状，是在秦朝统一币制以后被定下来的，中间虽有突破，但那也是一时的现象，像王莽时期就是这样，但从历史来看，其基本形态被保留下来。铜钱的外观变化通常仅表现在两方面，一是大小，二是钱文。钱币上的文字，隋朝以前多是“五铢”“四铢”“三铢”，有称量货币的味道。唐代改为“通宝”，但整个唐代连同五代时期的一些钱币，钱文都是“开元通宝”，比较单一。宋代铜钱、铁钱在钱文中加入了年号，一般称为“年号钱”。其实年号钱不是宋朝的创造，早在南北朝时期就已经有了。钱文随年号而变更的情况算是特例，像宋朝那样每更换年号便改变钱文是以前未曾有过的。

北宋也不是一开始就铸行年号钱的。北宋最早铸行的是“宋元通宝”钱，这种钱文显然是仿效五代汉朝的“汉元通宝”、周朝的“周元通宝”。宋朝年号钱始于宋太宗时，宋太宗即位，改年号为“太平兴国”，铸行“太平通宝”钱，这还不是很规范的年号钱。后来改年号为淳化，宋太宗亲自用行、草、真三种书体写了“淳化元宝”的钱文，宋朝的年号钱便以此为开端。皇帝亲自书写钱文，似乎这也是历史上第一次，所以“淳化元宝”也是最早的“御书钱”。“淳化”这个年号后面紧接的年号是“至道”，至道钱也有行、草、真三种书体，相传也是宋太宗亲笔，所以也是御书钱。此后不久，有一位大臣——也是一位颇有名气的文人——王禹偁被贬官，写诗发牢骚说：“谪官无俸空无烟，惟拥琴书终日眠。还有一般胜赵壹（赵壹为东汉人，曾写诗讲：‘文籍虽满腹，不如一囊钱’），囊中犹有御书钱。”他讲的御书钱，大概就是淳化钱和至道钱。

宋真宗以后，年号钱相沿成例，大约是受了“开元通宝”和“宋元通

宝”钱文都有两种读法（即又可读为“开通元宝”和“宋通元宝”）的影响，宋代的年号钱钱文往往有“通宝”和“元宝”两种。但有时遇到特殊的年号，如年号中带“元”字、“宝”字或年号为四个字，就出现特殊的钱文。如宋仁宗有“宝元”的年号，所铸钱的钱文就变为“皇宋元（通）宝”；宋徽宗时有“建中靖国”的年号，钱文就变为“圣宋元（通）宝”。南宋理宗时有“宝祐”年号，钱文就变为“大宋元（通）宝”。遇到年号中有“元”字，则此时期所铸钱的钱文就只有“通宝”而没有“元宝”。宋朝年年铸钱，所以绝大多数年号都可以找到相应钱文的钱，只有极少数例外。

所谓对钱，又称对子钱，原本是指两枚钱除书体不同外，钱文内容、钱体质地、钱的大小厚薄重量、穿孔、轮廓阔窄、文字大小位置等都彼此相同或十分接近。五代十国时的南唐铸行的“开元通宝”钱，形制基本相同的钱有篆书和隶书两种，成为最早的对钱。宋朝铸行的对钱很多，几乎每种年号钱中都能找到。有时，在各方面符合对钱要求的一些钱中，我们可以找到钱文为行、真、草或行、篆、草以及行、真、篆、草等三种或四种书体的钱，人们可以将它们中任意两个组成对钱。例如南唐铸行的“唐国通宝”钱中，就能找到形制基本相同而钱文分别为篆、楷、隶体的钱。宋代铸行的这类钱就更多。从这种意义上看，对钱也可以看作其他方面相同而只有钱文书体不同的一组钱币。

宋代铜钱、铁钱的钱背也是多种多样的。光背、有郭背最为质朴，宋代较为流行。钱背纪地、纪监是唐武宗时就有的，宋代自宋仁宗至和（1054—1056年）年以后时时铸行，铁钱尤其多见，如带“陕”“坊”“邛”“春”等字的。宋以前钱背偶尔可以见到带星、月、云等的，这些情况在宋代钱币中也可见到。颇有意思的是，唐代钱钱背上相传为“贵妃甲痕”的月牙形痕迹，宋代钱的钱背上也屡屡可以见到。

关于北宋钱币，也有一个悬而未解的疑难问题。

铸行虚额大钱一般是在财政困难的情况下发生，比如宋朝几次铸行虚额大钱的情况。宋朝铸行虚额大钱，第一次是在宋仁宗康定、庆历年间（1040—1048年）。当时西夏入侵，宋朝调大批军队到西线，又扩军备战，军费开支骤增，朝廷就下令铸行虚额大钱和铁钱，这些史书上都有记载。但是，史书上并没有讲朝廷下令停铸小平钱，而现在却见不到“庆历元宝”或“庆历通宝”小平钱。庆历共八年，八年中只铸大钱、铁钱而不铸小铜钱，这在

北宋是绝无仅有的，令人感到有些奇怪。“庆历”以下的年号是“皇祐”，皇祐共六年（实际五年有余）。据南宋史学家李焘记，皇祐年间（1049—1054年）是铸了“皇祐通宝”钱的，但现在却找不到这种钱，无论是大钱还是小钱都没有。后来又有人讲找到了几枚，但是真是假争论得很厉害。皇祐年间没有铸铜钱吗？这也是颇令人不解的。有人看到“皇宋通宝”钱数量大、版别多，就推断庆历、皇祐年间铸小平钱时用的是宝元年间铸“皇宋”钱时的旧样，所以铸行的也是“皇宋通宝”钱。这种判断因缺乏文献记载，虽颇有道理，但不能作为定论，只能说是一种推测。

万贯铜钱可绕地球三周

我国历史上铜钱和铁钱铸行量最大的时期是北宋时期。唐朝政府重视钱币的铸造，唐玄宗时全国铸钱的州有 11 个，最多的时候达 20 个以上，而唐朝以前的铸钱数量则没有准确记载。唐代铜钱的年铸造数可能高达 100 万贯，但时间较短，因为又有记载说唐玄宗天宝年间（当时是唐朝全盛时期）每年额定铸钱 30 万贯（《通典·钱币》）。唐代中后期一般每年只铸行十几万贯。宋真宗时期，每年铜钱铸行量超过 100 万贯，后来每年数量都有所上涨，至宋仁宗时期已达到 300 万贯。在宋朝与西夏战争期间，钱币铸造受到战争影响，但战后铸造量比战前又有增加。此后至北宋末年，铜钱铸造量一直维持在每年 300 万贯以上的水平。宋神宗时期，共有 17 个州设铸钱监铸钱，每年铸钱量高达 500 万贯，是北宋铸钱最高的时期。

500 万贯是什么样的概念呢？我们可以做出以下说明：500 万贯铜钱要用原料铜约 2000 万斤，即约 1 万吨。然而西方各国年产铜 1 万吨还是几百年以后的事。如果把 500 万贯铜钱排起来，这些钱可长达 128333 公里，即可绕地球 3 圈。当然，这 500 万贯铜钱中可能有极少部分是折二钱，会影响钱币的实际长度，但仍是可以绕地球两周半。

为了更直观地说明北宋时期铸行铜钱之多，我们还可做出这样的解释：铜钱是一种“耐用品”，即是说，在正常情况下，铜钱一旦造出，它就能使用好多年。所以，如果没人故意损毁，那么世上的铜钱会呈累积增加的趋势。现在假定北宋历年铸行的铜钱都没有被销毁，也没有外流到国外，那么到北宋末年应有 3 亿贯铜钱。根据资料显示，北宋户口最多时约有 1000 万户，把

3亿贯铜钱平均一下，每户30贯铜钱，这已经是相当多的钱了。当然，这3亿贯铜钱中还不包括前朝遗留的可流通的部分。在八九百年后的今天，北宋所铸造的铜钱之多仍有某种体现。在后来陆续出土的古代铜钱中，北宋钱占有较高的比重。国内出土的古钱币中北宋钱占比重最大，国外出土的中国古钱币大多也是北宋钱占多数，现在古钱币商店或小古物小摊上，所见最多的也是北宋钱币，北宋铸币的繁荣可见一斑。

宋徽宗千古一绝“瘦金体”

宋朝分北宋、南宋，所以史称“两宋”。两宋是中国钱币史上最复杂、钱制最“乱”，钱文不一、材质多样、区域繁多的一个时期。

元符三年（1100年），宋哲宗死，宋徽宗继位。宋徽宗虽有艺术才能，但却是个不称职的皇帝，他在位时铸有建国、靖国等13种钱币。徽宗时代是中国古代钱币文化发展的又一高峰，铸币的金属冶炼、铸造工艺、书法艺术都达到封建社会的最高水平，宋徽宗因此也被誉为继王莽之后的“天下第二铸钱好手”。

瘦金体书是徽宗从唐代著名书法家薛嗣昌处变化而来的自创的一种汉字字体，在书法史上极负盛名。清朝著名书法家叶昌炽赞颂这种书体为“直如矢，劲如铁，望之如枯藤老树，亦如游丝袅空，烟缦直上”，几乎就像是神仙之笔了。“大观通宝”为宋徽宗26岁时手书的瘦金体，其铁画银钩、豪纵俊迈的笔法，较崇宁钱更为精美。瘦金体铸的小平钱有的质地细密，字如刀削，可与机制币媲美，足见当时铸钱工艺是很高超的。特大型御书“大观通宝”又称“出号大观”，分径二寸四分与二寸七分两种，重80余克。另有一种合背大铁钱，直径14.8厘米，重600余克，多出土于四川地区。“出号大观”历来被视为珍品，无论铜品还是钱品，都属超乎常例。

大观通宝

宋朝的钱币版别，以政和、重和、

宣和三代的钱币铸工最为精美，钱文书法笔意可人，精致得连细微处也纤毫毕现，各种版式细细算来竟有百余种之多，确实算得上绚丽多姿。

政和钱有通宝与重宝两种，铜铁两铸，其中“政和通宝”小平及折二铁母、“政和重宝”铁母都是政和钱中的珍品。其中的小平铁母，至今存世也不过寥廖5枚；折二型“政和通宝”铁母亦罕见，唯折三型为多见；“政和重宝”铁母也比较多见，传世品有10枚左右，且钱文悉为瘦金书。历史上，由于重和年号仅用3个月，故重和钱铸期短，存世更少。

晚清著名收藏家刘燕庭在《嘉荫移泉说》中曾感叹道：“宋钱出土动辄数以万计，但大多是常见品，像重和、靖康这样的钱币即便是在成千上万的宋钱中也找不到一枚啊。”宋徽宗之子钦宗赵桓在位虽有两个年头，但实际上不满一年。当时金朝兵马南下，社会动荡，经济衰退，铸钱量大减。靖康钱因靖康元年十一月金兵攻陷汴京，而少且铸期短暂，因其罕见，自然享誉钱币界。

靖康钱有元宝与通宝两种，“靖康通宝”小平铁母钱极为珍稀，1994年“第17届南京市职工钱币交流会”上，1枚“靖康通宝”小平钱就以8000元的高价成交。20世纪30年代，著名收藏家罗伯昭先生以重金从汉口古董商毛鼎臣手中购得1枚“靖康通宝”篆书折二大样钱，曾难抑激动地写下“难求一代小平踪，折二空惊大字雄”的诗句。此钱为海内孤品，堪称瑰宝，现藏于中国国家博物馆。

南宋不敌北宋

南宋铜钱铸造在数量上比北宋少得多，从年铸行三五百万贯直跌到每年只铸行十五万贯上下。但同其他朝代，例如唐代相比，这一数量也不算太少。铜钱铸行量减少的主要原因并不是由于版图缩小，也不是由于铜矿减少（当时主要铜矿产区都在我国南方，即在南宋版图内），而是由于物价上涨。因为物价上涨以后，采矿铸钱都成了“赔本生意”，一下子便萎缩了。

官方出于政治上的考虑，同时也为了维持纸币与铜钱的兑换率，努力经营铸钱，于是胆铜铸钱得到发展。所谓“胆铜”，是指利用自然界的胆水与铁的化学反应生产原铜的办法，用这种方法生产成本低廉，在当时世界上是很先进的。当时的人有一种说法，称用胆铜铸出的钱质量不好，但今人观察南

宋铜钱，却没有这种感觉。

南宋铸钱在形制上有些新变化。表现之一是纪年钱的出现。所谓纪年钱，就是自从南宋孝宗淳熙七年（1180）以后，钱背都铸出铸造年份。如淳熙七年铸的，钱背就铸“柒”字，淳熙九年铸的，就铸“九”字，嘉定十二年铸的，就铸“十二”，等等。

这对于我们今天研究当时钱币提供了很大的便利，因为我们可以毫不费力地区分不同时期铸行的钱，进而深入地做比较分析。以前例如汉代的五铢钱，要弄清它们的铸行年代就很困难，在汉代及以后都有铸行五铢钱的情况，所以我们难以确定某一五铢钱是否为汉代所铸。纪年钱就不存在这种问题。

南宋钱形制上的又一变化，是大额钱增加。北宋铸行的最大面额的钱是当十钱，而且主要是宋仁宗、宋徽宗两个时期行用，其他时间里主要用折二和小平钱，而小平钱数量又远远多于折二钱。南宋不但折二钱比例增大，而且又铸行了当三、当五、当十、当二十、当百几种大钱。其中当二十、当百两种钱史书没有记载，但存世数量较多，都是淳祐年间（1241—1252 年）铸造的，大约是南宋晚期财政枯竭的产物。

南宋钱形制上的另一变化，表现在钱文上。南宋钱文自从绍兴年间（1131—1162 年）开始出现有用规范宋体字书写的，到淳熙七年（1180 年）以后，除大钱和铁钱外，几乎都用规范宋体字书写，这是前所未有的。另外，南宋钱相对北宋钱，在成色、大小、轻重、钱文等方面，都显示出高度的一致性，这也是很有特色的。这大约是由于北宋铸钱监较多，难以统一，南宋铜钱铸钱监很少便于统一的缘故。

南宋时期，除四川地区继续行用铁钱外，又在长江以北邻近金朝的地区开辟了新的铁钱区。宋孝宗乾道元年（1165）决定在淮南、京西行用铁钱，但推行遇到困难，几经反复。宋廷先后下达 17 次命令用以回收淮南地区的铜钱。

大约到淳熙十年（1183）以后，才真正把淮南、京西变成铁钱区。此后，又命令湖北路在长江以北的汉阳、荆门军、复州、江陵行使铁钱。这样，凡是与金朝邻近的地区就都使用铁钱了，这显然是为了防止铜钱流入金朝境内。

南宋时期，在铸造铁钱最兴盛时，共有 12 个铁钱监，即利州绍兴、邛州惠民、舒州同安、舒州宿松、蕲州蕲春、黄州齐安、光州定城、兴国军大冶、江州广宁、临江军丰余、抚州裕国、汉阳军汉阳。每年铸行 70—80 万贯铁

钱。所以南宋相对北宋，虽铜钱铸行量大减，但铁钱的铸行量却基本没有减少。

辽、金与西夏钱币

宋朝时期中国境内有数个强大的少数民族政权，如辽、金和西夏，所以宋朝版图远没有唐朝辽阔。具体地讲，北宋时，其北方有辽国，西北有西夏；南宋时，它的北方有金国，西北仍是西夏。辽、金与西夏虽系少数民族政权，却也铸行了自己的钱币。金还曾铸行过纸币，由契丹族建立的辽国历史较长，比宋建朝还要早。

据记载，辽在五代时期已开始铸钱，但当时铸钱是什么外形没有确定答案，以往钱谱所载此时期辽钱究竟是否可信也未可知。按照考古资料来看，辽铸行“通宝”式年号钱的时间应早于宋朝，因为由辽景宗所铸的“保宁通宝”和辽圣宗所铸的“统和通宝”分别产生于保宁年间和统和年间。

此后，辽和宋一样，铸行年号钱，而且钱文随年号的变化而变化，但辽制钱工艺稍逊，钱币外观和钱文都不如宋钱。辽铸行钱币的数量很少，在辽代遗址和辽代墓葬发掘中，发现的钱币大多是宋钱币或前代（如汉、唐）的钱币，本国的钱币非常稀少。又有史书记载说，辽景宗时“置铸钱院，年额五百

西夏福圣宝钱

贯”。

虽然契丹族有自己民族的文字，但并未发现以契丹文字为钱义的钱币。

由党项族建立的西夏政权比辽弱小，金灭掉辽以后数年，蒙元一起把西夏和金灭掉。西夏和辽相同，也主要使用宋朝钱币。自己造币数量不多。西夏钱币存世（包括前代存留和近年出土的）数量总数不超过二三百枚，其中较为常见的有“天盛元宝”“光定元宝”“皇建元宝”“乾祐元宝”等，这些都是年号钱，按材质来分有铜钱，也有铁钱。

西夏在建国之初就颁行了自己的文字，但西夏灭亡后，西夏文字也一度失传，直到 19 世纪末才有人开始重新研究西夏文字。学者们主要通过新发现的汉、西夏两种文字同在一碑的碑文进行研究来解读西夏文，西夏文的解读也大有进展。西夏钱币与辽钱币不同，西夏钱币中有刻有自己民族语言文字的钱文。经初步考证，这些西夏文钱币分别是：福圣宝钱、天祐（或释乾祐）宝钱、贞观元宝、大安宝钱、天庆宝钱。这些钱币是不是年号钱，学术界并没有统一的意见。金国是由女真族建立的政权。女真人原来臣服于辽，常常受到契丹贵族的欺凌。后来女真人建立了自己的政权，与辽对抗，后又采取与宋结盟的策略，一举灭辽。金把辽灭掉后不久，开始觊觎外强中干的北宋。伺机发动进攻，将北宋都城包围，把北宋给灭了。

后来金与南宋大约以淮河为界北南对峙。由于金境内汉族人较多，金受汉人文化影响大于辽、夏。金早期使用旧有的宋、辽钱币，尚未铸行自己的钱币。金与南宋第二次议和以后，金才开始发行了纸币，后又铸行铜币。

金铸行铜钱始于金海陵王正隆二年（1157 年），铸行“正隆通宝”，此后曾铸行“大定通宝”“明昌通宝”和“泰和重宝”等年号钱。金所铸铜钱工艺精美，外形效仿宋朝纸币，以“泰和重宝”为例，字体篆如玉筋，肉深郭细，不仅比宋钱更秀美，甚至不逊色于后代某些机制。大定二十九年，是金铸钱最多的时期，数量逼近南宋，约每年铸行 14 万贯。

在金灭掉北宋以后，曾帮助建立一个“大齐国”，建都大名，后迁都到汴梁，皇帝是刘豫，改元阜昌（1130—1137 年）。大齐国铸行了“阜昌元宝”小平钱、“阜昌通宝”折二钱、“阜昌重宝”折三钱，分别为真、篆对钱。大齐国在金的庇护下虽仅存在了 8 年，但所铸钱却清秀娟美，比一般北宋钱精致。史书记载，大齐国也发行了纸币，但具体情况无从考证。

纸币现苗头，元朝禁铜钱

1. 纸币的鼎盛

元是发行使用纸币的极盛期。至元二十四年（1287 年）至正十年（1350 年），元朝政府严禁在贸易中使用金银铜钱，唯一可以流通的是纸币。据元朝人陶宗仪记载，元世祖忽必烈问那位当和尚出身的“高参”太保刘秉忠，该制定怎样的货币制度。刘秉忠回答：“钱用于阳，楮用于阴。华夏阳明之区，沙漠幽阴之域。今陛下龙兴沙漠，君临中夏，宜用楮币，俾（让）子孙世守之。若用钱，四海且将不靖（安定）。”于是元世祖听从刘秉忠的建议就决定不铸行铜钱（《辍耕录·钱币》）。后王伟也讲“废钱而用钞，实祖宗之成宪，而于术数之说为有符”，而铸行铜钱，是违背“典宪”和“图谶”（《王忠文公集·泉货议》）。由此可见陶宗仪所记并非全无根据。刘秉忠用了什么“图谶”来说服元世祖，已难知晓。但是忽必烈主张用纸币而禁止铜钱流通的真实意图并不为人知晓。刘秉忠提出此种主张，大约主要是考虑与当时北方地区原有货币制度的衔接。

据史料考证，禁止使用金银铜钱而专准发行纸币的制度可追溯至金后期。早在承安三年（1198 年），金就规定几个主要路分交易中一贯以上不许使用铜钱。随后泰和八年（1208 年）又把这一规定的行用范围扩大到东西两京等地区。到了贞祐三年（1215 年）正式下令禁止使用铜钱。“自是，钱货不用”（《金史·食货志》）。金于元光三年（1223 年）又制定新的制度：在进行交易的时候，交易额三两以上白银的才准许用纸币，分配比例是三分之二用纸币，三分之一用白银，交易额低于三两的不能使用白银，并且强制规定白银与纸币的比价。这样做等同于禁止使用白银交易，但用纸币交易便可解决许多因纸币、铜钱二者之间比价而产生的问题。

元朝在发行中统钞的起始阶段是较为成功的。这是因为官方建立了完善的准备金制度并认真执行，严格控制发行数量。元朝的纸币制度是中国历史上最系统、最完备的，它是宋、金发行纸币数百年经验教训的总结。元朝至元二十四年（1287 年）颁行的“至元宝钞通行条划”十四款一千多字，涉及了发行纸币的方方面面，代表当时我国在纸币发行管理理论方面已经达到了较高水平。宋代经常发生地方官府证收税时拒收纸币的现象，而元代因为纸币长时间作为唯一法定货币流通而成为完全法偿的货币，所以避免了官府拒收问题。元代纸币是第一主币，而宋代纸币不过是铜钱、铁钱的替代物。由于元基本不铸行铜钱（只有个别时期有少量铸行），所以元代纸币有二文、三文、五文等小面额的（宋、金纸币最小面额为一百文的），由此可见元代纸币品类比前代更为完备。

2. 铜钱的缺陷与衰落

铜钱最突出的缺点是体重价贱。古代著名戏曲《十五贯》（又名《错斩崔宁》），讲述了由十五贯钱引发的曲折故事，戏中主角刘贵的十五贯钱原本是岳父借给他的，他却假说成是卖妾所得。那么十五贯铜钱有多重呢？如果这些钱都是合乎标准的铜钱，则十五贯应有 75 斤重，这是身体虚弱的人背不动、体壮的人背上走不远的。史书上又记载有这样一个故事：宋太祖赵匡胤有一次带人视察库房，就问跟随他的勇将周仁美："你能背得动多少钱？"周仁美回答："我能背得动七八十贯钱。"宋太祖说："那岂不要让钱压死了！"于是他命令周仁美背起四十五贯钱在院内走一圈，周仁美顺利照办，宋太祖就把这些钱赏给了周仁美（《宋史·周仁美传》）。80 贯钱重约 400 斤，宋太祖认为太重周仁美背不动，45 贯钱重 200 多斤，周仁美能背着走一圈，自然也是壮汉。由此在大宗交易中，铜钱就显得非常不适合。比如说买一匹马，在宋代要用约 50 贯钱，这些钱就重 250 斤，大宗交易中用的钱就更重了，所以用铜钱交易很不方便。

然而铜钱的缺点并不仅仅是笨重。它的另一个突出的缺点是易于被私人违法铸造，即盗铸。纵观我国的铜币史，官方与私铸的斗争可谓历朝历代都有。私自铸钱现象一般是官方发行虚价大钱时，私铸泛滥后造成的严重的后果，最终官方只得废止虚价大钱或降低虚价大钱的使用价值。从汉武帝

元代铜钱

铸行赤仄钱开始，到唐肃宗铸行乾元重宝，再到宋仁宗铸行庆历重宝、清咸丰帝铸行咸丰重宝等，所引发的社会混乱现象大体相同。历朝历代不顾铸钱“不惜铜爱工”的原则，大肆惜铜图利。钱币减重问题更是中外都盛行的现象。既惜铜图利，则所铸钱必然质量下降，前后不一。官方铸钱既如此，就给盗铸提供了条件。从史料来看，盗铸往往盛行于官方铸钱偷工减料制造劣钱之时。盗铸的钱币大抵都是质量低劣的钱币，所谓“上贯即碎，风飘水浮”的劣币几乎代代都曾有过，剪纸涂泥的伪币也就随之产生，而劣币一多就会造成市场混乱的严重后果。

劣币在交易中难以剔除。铜钱都是成百上千、成串成贯地使用，交易中不方便一枚一枚地挑拣。

在社会秩序较为混乱时，铜钱的制作问题就更加突出。因为这种时候官方造的虚额大钱，与民间盗铸的劣币互相混杂，造成物价上下幅度较大，进而导致铜钱的信用危机。这时人们往往拒绝收受铜钱，进而寻求比它更可靠的替代品，唐末、五代、金朝末年、南宋末年都出现了人们拒绝铜钱而以白银代替的情况。

铜钱的衰落在其鼎盛期就已埋下种子，因此它的衰落比纸币要早。

铜钱的铸造量在北宋达到历史最高峰以后，便迅速下跌。南宋一般年货只能铸行约十万贯铜钱的数量，其中还包括半数以上的当二或当二以上的大钱。与南宋同期的金情况不容乐观，其重要原因是经济和社会生产都遭到了严重破坏，另外的原因是我国的铜矿主要分布在南方。由于经济受到破坏，物价上涨，有时造一贯钱成本高达五六贯甚至更多，铸钱亏本，官府便不愿为之。

知识链接

元明时期铜钱的衰落

元朝在至元十四年（1277 年）下令禁止江南地区使用铜钱。元二十四年（1287 年）元朝尚书省颁布《至元宝钞通行条划》，规定全国范围内禁

止使用铜钱。元武宗至大三年（1310 年）铸行至大通宝（汉文）、大元通宝（蒙文），但第二年就因元武宗的去世而停止。元顺帝至正十年（1350 年）铸行“至正通宝”等钱，至正十四年（1354 年）下令停铸，这时已是元朝统治末期。今天所见到的至正钱有三种大一种钱背面铸有用蒙文写的地支纪年。另一种钱背有纪值的蒙、汉两种文字或只有纪值的蒙文。以上两类钱的正面都铸汉文“至正通宝”四字。还有一类被称为“权钞钱”，钱的正面却铸的是“至正之宝”。这种钱共有“伍分、壹钱、壹钱五分、贰钱五分、伍钱五种，钱背穿上铸“吉”字，穿右铸两字“权钞”，标明金额的字铸于穿左，钱币大小不一，因面额不同而有所变化，最大的是伍钱权钞钱，重 143 克左右，它也是清代以前流通钱币中直径最大的。专为扶持纸币而铸行铜钱，也是空前的。元代铜钱铸造量极少，只有两次铸造记载，且两次时间都很短暂。

在明朝统治的 227 年间，一半的年份是丝毫没有铸造铜钱的。明朝初年为避朱元璋名讳，应是“洪武元宝”的钱全部铸成“洪武通宝”，并且整个明代都没有发现“元宝”两字的钱。各年份究竟铸造了多少铜钱，史书没有记载。但到洪武二十七年（1394 年），明廷为了提高纸币的地位，下令禁止使用铜钱，要求军民商人等，凡持有铜钱者，一律上缴官府，兑换纸币。所以，官方也停止了铸造铜钱。至宣德十年，禁用铜钱的规定解禁，在这 40 年间官方没有铸造铜钱。解禁时间不久，正统十三年（1448 年），官方下令再次禁止使用铜钱，这次诏书措辞强烈，声称：“交易用钱者，以阻钞论，追一万贯，全家戍边。”（出自《三编》。）于是铜钱又停止铸行。但是这次禁令维持时间较短，到天顺四年（1460 年）禁令解除。官方在禁令解除后并未立即铸钱，官方恢复铸钱始于弘治十六年。开铸仅两三年时间，到明武宗正德年中（1506—1521 年）又停铸了，一直到嘉靖六年（1527 年）才恢复铸钱。

由于白银已代替铜钱在流通中发挥了重大作用，所以铜钱并没有随着纸币的衰落而复兴。

第五节 明清钱币兼行

皇钞受阻解银禁

时至明代，由于商品经济继续发展，货币的供应量也不断增加，明王朝就一直在大力推行以纸钞为主、钱币为辅的货币政策，万历九年，实行“一条鞭法”更加速了这一制度的推行，而且自始至终都是由中央政府印制和组织发行的，在这些条件下纸币获得了前所未有的高度统一性和流通性。制定钞法，发行“大明通行宝钞”，设立了“宝钞提举司”，钱币面额分为六等：一百文、二百文、三百文、四百文、五百文、一贯。后来又增设了从十文到五十文的五等小面额法钞。

但明代纸币的发行也存在不足，纸币的发行成为一种搜刮百姓财物的手段，原因是政府不设立准备金，使用不分界，不定发行限额，不分地区，不兑现，不限时间。因此，虽有严刑峻法，宝钞仍不断贬值，民众不愿用钞，民间私以金银铜钱相交易。明代中叶，政府被迫解除银禁，自此白银成为流通领域主要货币，“纹银”的名称就产生在这个时代。此外明朝铸钱不多，所铸钱币都属铜钱，一律称

永乐通宝

通宝，而且主要用于国际交往。如给外国使臣的赏赐，郑和带往国外的赠品等。主要的钱币有洪武通宝、永乐通宝、宣德通宝、嘉靖通宝、隆庆通宝等，这些钱币品种版别比较简单，到天启、崇祯两朝却日渐复杂起来，但总体上看，铸额已经很小了。

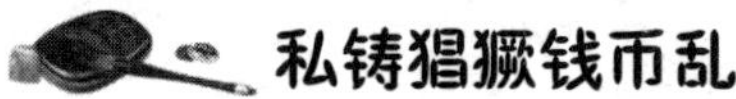

私铸猖獗钱币乱

开铸于明世宗嘉靖六年的“嘉靖通宝”，现较常见，其为背无字的小平钱。该钱首先开铸于两京宝源局，后在其他省按永乐、宣德年铸钱标准开铸，数量略多于永乐、宣德年间。同时为防止私铸，还提高了铸钱工艺，铸造出火漆、旋边、金背等各具特色的钱。火漆就是二次熔炼。旋边即用旋车锉磨边缘。金背是指经四火熔炼之黄铜，俗称“四火黄铜”，这种钱铸造精美，至今少见。

铸行于明穆宗隆庆四年的“隆庆通宝”钱，为光背无文的小平钱。“隆庆通宝”钱制每文重一钱三分，有金背、火漆。明朝前期，政府严格控制铜钱，不仅经常停铸、禁用，而且开禁时也有所限制，有时为了扩充库存而收入内库，这是因为明廷大力奉行宝钞政策。所以造成两种结果：一是民间私铸泛滥，可民间又因铜材缺乏，就用古钱私铸；二是促使白银使用更加流行。明朝时把银铸成马鞍形，称为“元宝”，也有其他形状，叫“银锭”。散碎的银锭，逐渐被社会称为“银子”。

铸钱量上升发生于明神宗万历时期。铸行于神宗万历四年的“万历通宝”钱有多个版本。万历二十年，国家收入减少一半，但却因支援朝鲜抵御侵略而开支巨增。

明朝政府应对的措施就是铸钱，用以补充财政收入。例如万历二十年以前，全国铸钱局只有60座钱炉，到万历二十年年间增加到100座。万历三十年时，户部等机构新开250钱炉座，应天府也添炉100座，如此一来一年便增加350炉。万年三十年间，原本只负责纸钞的户部开始铸钱。此时，全国各地效仿户部，纷纷架炉铸钱，所造钱币很多质量低劣。当时私钱名称也很多，如歪脖、尖脚、胖头等，流传很广。崇祯一代，币制混乱。政府的腐败，政策的失利，导致经济混乱，钱币问题严重，明廷财政几乎崩溃。

以银为主，以钱为辅的清朝

中国历史上最后一个封建王朝——清朝，是由满洲女真族所建立的。从1616年第一代皇帝努尔哈赤称国号为金，至1911年最后一个皇帝宣统帝溥仪退位，共有295年。女真族一直居住在东北长白山地区，世代以畜牧渔猎为生。女真族首领努尔哈赤统一了女真各部落，并于明朝万历四十四年（1616年）建国号金，史称后金，建元天命，称天命汗。

努尔哈赤铸行的钱币共有满文、汉文两种。满文钱面以老满文写成，读法自左向右，然后自上而下，译作“天命汗钱”。此钱为方孔圆钱形，仿明小平钱，铜色赤暗，铸工低劣。汉文钱“天命通宝”与“天命汗钱”同时开铸，钱文直读，钱背无文，书法水平较差。当时满人多把钱用作佩戴于衣帽、袍襟间的装饰品，传说可防刀枪，而较少用于流通。努尔哈赤驾崩后，其子爱新觉罗·皇太极继承其汉位，改元天聪（1627年）。天聪元年曾铸行满文钱“天聪汗钱”，依老满文写法，背文仿明“天启通宝”大钱，在背穿上或穿左铸满文“十”字，穿右写一两。有粗字、细字两种。但这一时期钱币流通数量亦较少，因为满清所管辖地区仍多为牧民，过着物物交换的生活，在关外生活的汉人大多为耕地的奴役或佃农。这就造成了“天命”“天聪”两代铸钱，不仅铸量很少，而且流传也不广。

天聪十年（1636年）皇太极称帝，改国号为清。顺治元年（1644年）清世祖入关，定都北京，后逐步统一全国。清廷的政治统治稳定以后，立即着手恢复农业生产，促进社会经济的发展。首先是发展农业生产。对有主人的荒地，由原主开垦，政府给予优惠，三年不收税；对流民，不论原籍、本籍，编入保甲，开垦荒地，发给印信执照，永准为农，从而促进了全国农业生产的恢复与发展。当时主要产粮区包括直隶京畿、长三角、太湖和鄱阳湖地区。同时大修水利，治理黄河。黄河10年间决口多达60余次，到1703年以前黄河两岸被淹的农田日渐恢复耕作，大体摸清黄河下游水患并进行了修治。然后是发展矿产开采业，鼓励发展手工业。清朝又实行了如物畅其流、民便为主等促进全国手工业发展的宽松政策。

当时汉口有铁器铸造行13家，芜湖有钢场数十家，山西陵川有铁铺12家，棉布染织业、粮食加工业、制糖业、制瓷业、造纸业、木材加工业等各

行各业都有很大的发展。商业活动空前繁荣，以扬州、苏州、南京、杭州、广州、汉口等城市的工商业最为发达。海外贸易发展也很快，在与外国的贸易往来中，一部分钱币外流到其他国家便是证明。

昭武通宝

西北方的撒马尔汗和布哈拉是清朝与中亚各国贸易的中心。西南边的贸易则发展到克什米尔、不丹、孟加拉、尼泊尔等国家。清朝用大量的中国钱币换取了上述国家生产的披巾、皮革、棉花、燃料、眼镜、剪刀、珊瑚、珍珠等物品。往南，货币流出到越南、暹罗、缅甸，这些国家的棉花、食盐、羽毛、黑漆、铜砂、象牙、兽角，也换走了大量的中国钱币。东北边，货币流出到朝鲜，两国之间一向“往来相善”。“或东或西，听民所往”，清朝的钱币便随着商人的贸易活动流到外国。

清朝实行交易额小时用钱，交易额较大时用白银的明朝币制，所以白银在流通中的作用更加重要。满清统治下的大清王朝，每代皇帝都铸钱。清初的“三藩”（分封三个地方的王侯势力）也曾铸过钱，其中吴三桂铸“利用通宝”“昭武通宝”，耿精忠铸“裕民通宝”，吴三桂之孙吴世瑶铸“洪化通宝”流通较广。

清世祖顺治帝于1644年在北京于工部、户部设宝源局、宝泉局，并设立铸钱局铸钱，统一全国以后铸行“顺治通宝”，并在全国各地开设钱局。在清军刚入关时，允许明朝钱币流通，但不久即禁止使用明朝钱币及其他钱币，只允许清钱统通。顺治年间对制钱成分有具体规定，即铜七成，白铅（锌）三成，为合金，称之为“黄铜”。一千铜钱称为一串，年铸一万二千串称为一

卯，即每开一期的额定数称为“正卯”，正卯以后凡有加铸数称为“加卯”。顺治钱形式没有统一，按照背文可分为五种，也就是在钱币界久负盛名的“顺治五式”。一是仿明朝钱式，面文“顺治通宝”，皆为光背无文。这种形式的钱币，不仅适应关内汉族人的使用习惯，而且也便于新旧钱之间的兑换。二是仿会昌开元钱制，钱背文纪地纪局。如“户”“工”为宝泉、宝源两局所铸。顺治八年钱的重量改为一钱二分五厘。三是清朝初期制钱重量变化频繁，顺治通宝钱汉字钱的大小轻重差异较大。此钱铸行了十年，从顺治十年至顺治十七年。有的钱局开铸时间短，所以开铸时间短的钱局记地钱数量少。各局所铸迥异，大小轻重亦有变化。四是满文钱，面文为“顺治通宝”汉文，背文则用新满文，穿左右满文为“宝泉”或“宝源”，规定每钱重一钱二分。顺治十四年外省停铸，因此仅在北京铸行。五是满汉文钱，面文汉文“顺治通宝”，背文纪局名改为穿左为满文钱局名，穿右为汉文钱局名。

顺治十七年，除宝泉、宝源两局仍铸满文钱外，户部重新开的各省钱局所铸钱皆为满汉文钱，此种钱式制作较好，铸量最多，存世也多。

清世祖于顺治十八年正月去世以后，康熙继位。康熙只保留户部宝泉局和江南省江宁局铸“康熙通宝”制钱，其余各局停铸。康熙六年各省恢复铸行，后来又相继停铸。版本简单的“康熙通宝”因铸行时间超过60年，因而铸量较多，除北京宝源、宝泉两局外其他各省所铸钱币背文满汉文各一字，京城两局按“顺治通宝”满文钱式，背文为满文，为方便记忆民间把这些钱局名串成了一首诗：“同福临同江，宣原苏蓟昌，南河宁广浙，台桂陕云漳”，此外还有“巩”“西”两种，但数量不多。

分大小两种的“康熙通宝”重量各异，最初每文约一钱四分重，康熙二十三年降为一钱，康熙四十一年重又执行一钱四分重，并规定一千文等于一两。同时推出一种轻钱，每文重七分，千文兑银七钱。

顺治、康熙两朝，因内战不断，铜的生产运输出现问题，民间铜供不应求，私铸情况十分严重。康熙中后期，农民民不聊生，收入较低，一遇天灾则贫困加剧；因为当时人口暴涨，而生产水平没有提高，物价持高而不降。康熙帝本人也因此常常自嘲：“康则康矣，熙则未必。”为了抵制私铸，政府选择了依靠平抑物价等手段来增加国民收入，这样只能减少钱的重量。

知识链接

罗汉钱的传说

康熙年间，福建省铸造“康熙通宝”满文钱式中的十二地支套钱。此外“康熙通宝”钱中有一种珍品，后人称为“罗汉钱”。“罗汉钱”由京师宝泉局所造，小于通常的“康熙通宝”，钱呈铜色金黄，虽“熙”字有异笔，但制作工艺精湛。

关于罗汉钱的传说很多：一说是康熙年间西部边疆发生叛乱，朝廷派军队前去平定，但军费不足，正无计可施之际，有一寺院僧侣主动献出寺内所有铜器和18尊金身罗汉以作铸钱用；另一种说法是康熙帝六十大寿时，户部宝泉局铸用金罗汉钱并放置于寺院罗汉肚中，后乃赠给官员作纪念品。

“康熙通宝”在当今时代较为常见，因为在位时间长达61年的康熙帝所铸钱币发行量较大。康熙皇帝于1722年去世，雍正即位后，仍然严厉打击私铸，实行了铜钱紧缩政策。

两桩疑案

根据现存史料记载，嘉靖年间出了一个明代货币史上的公案：嘉靖三十二年，明廷下令补铸九个年号为钱文的铜钱，即从洪武到正德年间的“洪武元宝”“永乐元宝”……“正德元宝”等钱，每种补铸100万锭，每锭为5000文；再铸“嘉靖元宝”1000锭，也是每锭5000文，这样十种钱共准备铸九千五百万贯。这是一个非常庞大的计划！其宏大之处可以与北宋神宗时

康熙通宝

期所铸钱量相较，神宗时期年铸造省陌 500 万贯，折成足陌仅为 400 多万贯，以这样的速度，明廷决定要铸的 9500 万贯需要 20 多年的时间才能完成。

史书没有明确记载这件事的结果，于是给后人留下了两个疑问：这一决定究竟实行了没有？如果曾经贯彻过，那么到底铸造了多少种年号的钱？

虽然我们了解了关于罗汉钱来历的两种说法：一是说罗汉钱是为了制作康熙六十大寿的纪念品所专门铸造的，铸钱时往铜液中放入了一尊金罗汉，所以铸出的钱略带金色；二是说康熙末年，年羹尧在四川任总督平定叛乱时，有一次打仗急需军费，就把一座大庙里的镏金罗汉熔化制作铜钱以应急需。但真相究竟是什么无人知晓。

方孔圆钱退出历史舞台

在清代，白银经过长期积累，其数量已经能与社会经济发展相符合，白

银或成为主要流通钱币，特别到了清后期，白银的地位更加重要。而且清政府很重视钱法，铸造钱币成为经常性的制度，形成了银钱平行的货币体制。钱和银之间也有比价，小额用钱，大额用银，但是白银的地位更为重要。值得一提的是，清朝是宋朝后又一个钱币铸造高峰期，不仅种类繁杂，而且铸造量很大。清朝的钱币以皇帝的年号命名，从清世祖算起，十个皇帝共用过十一个年号，其中穆宗的年号开始用祺祥，后来改为同治。共铸有顺治通宝、康熙通宝、雍正通宝、乾隆通宝、嘉庆通宝、道光通宝、咸丰通宝和咸丰大钱、祺祥通宝重宝、同治通宝重宝、光绪通宝重宝、宣统通宝，等等。称为通宝的多数为小平钱，称作重宝的多数是当五、当十钱。清代钱币中咸丰钱是最为复杂的，咸丰时期为了解决财政危机，应付太平天国起义，除了大量发行纸币外，还发行了铸币。这些面额不同的铸币说明清钱种类繁多。清钱在钱币背面还铸有铸钱局的局名，钱背纪局文字一般是用满文，也有用汉文的，这些名字也证实了清朝钱币的复杂。此时，国外银圆也大量流入，渐渐在商品买卖比较发达的东南沿海地区广泛流通，铜钱的使用受到进一步的冲击。方孔圆钱成本又不断上涨，本身制作效率又低，致使各地方钱局大多不按任务数额铸造，这就造成了方孔钱数量的急剧减少。为此在光绪二十六年(1900 年）广东省率先生产了机制铜圆，制作精良，效率大幅度提高，不久各省便纷纷仿效铸造，由于机制银圆、铜圆的生产有利可图，再加上各地官银行、钱庄、银钱局、票号等又大量发行各种各样的兑换券，严重冲击着方孔圆钱。至“福建通宝”“民国通宝”后，方孔圆钱再也无法继续流通，终于导致停止铸造。时至清末民初，流通了 2000 多年的方孔圆钱终于使用到了尽头。方孔圆钱在其最初流通的 200 年间，采用模型铸造货币，沿袭了 2000 年以来的传统。直到光绪二十六年（1900 年），两广总督张之洞改变了这种情况，他从英国购置铸币机器，在广州建造币厂，开始机器制币。由于张之洞铸造出了新式铜圆和铜钱，他完成了中国历史上货币的第四次重大改革。自此，流通了 2000 多年的方孔圆钱在清末民初退出了流通领域。

第三章

千呼万唤始出来的纸币

纸币，以几乎毫无价值的纸片替代了本身具有一定价值的金属货币。追溯纸币产生之初，既不是统治者权力使然，亦不是某个智者的即兴发挥，那究竟是什么赐予了它生存的机会？接下来，我们一起了解纸币的诞生与成长。

第一节 纸币的酝酿与产生

质剂、傅别、里布

中国是世界上最早使用纸币的国家。中国早期的纸币普遍采用楮树皮、辅以野麻、稻草等制作而成的纸制造的，因此中国古代称纸币为“楮币”或“楮券”。楮币的运行主要承当了货币的支付与流通职能，至于价值尺度仍然由楮币所代表的金属货币来体现。

中国早在楮币产生之前，古代商品交易中就出现了一些用作互相承诺的凭信，它们大都以券据形式出现，本身不一定有什么价值，由于互相承诺才体现其价值，往往在交易中承当支付职能。经过了漫长的社会实践，这种券据形式的交易承诺范围有所扩展，由初始的双方，发展为多方，以至被更多的人承认和接受，从而由支付职能衍生出了流通职能，最后出现了可以直接替代金属货币流通的楮券，这就标志着纸币的诞生。中国古代纸币的产生是经济发展和商品流通的产物，是商品交易经过漫长实践的结晶。

中国古代纸币

《周礼·质人》记：“质人掌城市之货贿、人民、兵器、珍异。凡卖者

质剂焉。大市以质，小市以剂。”郑司农云：“质剂，月平贾也，质大贾，剂小贾。玄谓质剂者，为之券藏之也。大市，人民、马牛之属用长券；小市，兵器、珍异之物用短券。”质剂即当时交易时用的一种凭信，分别用于“大贾”和“小贾”。“贾”即行商买卖。《周礼·地官·司市》有云：“以商贾阜货而行布。”郑玄注：“通物曰商，居卖物曰贾。”大贾、小贾如同今之大额交易和小额交易。质人是城市中掌管质剂的专职人员，质剂相当于质人付给卖者的“实物收据”。这说明用券据作为承诺凭证早在西周和春秋战国时期就出现了。

《周礼·天官·小宰》记：“听称责以傅别。”“傅别”是当时交易讼事中判定双方利益的券书。郑玄注曰：“称责，谓贷予；傅别谓券书也。听讼责者以券书决之。傅：傅著约束于文书；别：别为两，两家各得一也。”可见傅别至少一式两份，为经判定后互相承诺的一种券据，能作为值价转移的凭证。

《周礼·载师》记：“凡宅不毛者有里布。”郑司农云：“宅不毛者谓不树桑麻也，里布者布参印书，广二寸，长二尺以为币，贸易物。或曰：布，泉也。”江永《群经补义·孟子》云，“布者，泉也，亦即钱也，非布帛之布”“里布，狄后世凡地皆有地税也”。“里”，古代本指居民聚居之地，里布当指农田之外用地完纳“地税”的券据。在纸尚未广泛采用之际，有以木、布帛等作为券据之载体的，里布“广二寸，长二尺”，当为布帛为材料的有确定大小和格式的专用券据，它相当于支付“地税”的凭证。

辨券、皮币

秦始皇时期，官吏的日用开销由其管属的百姓共同负担，每年必须交纳，纳者给与“辨券”。1975 年，在湖北云梦出土的 1100 余枚竹简中，完整地保存了秦始皇时期的一套法律条文，关于货币的律文《金布律》对“辨券”的使用有明文规定：“县都官坐效，计以负偿者，已论，啬夫即以其直钱，分负其官长及冗吏，而与参辨券。以效少内。少内以收责之。其人赢者，亦官与辨券，人之。其责毋敢逾岁，逾岁而弗人及不如令者，比以律论之。”“啬夫”即各县都之平民，“直”即“价值”，平民必须“分负其官长及冗吏”规定价值的实物或钱币，而且要当年完纳，如果“逾岁”不交者，则要“比以律论之”。“辨券”即为支付官吏费用的凭证。这一法律条文列于《金布律》，足

以见缗“辨券”与货币的确有密切的关系。

汉代以前，诸侯聘享有用“皮币”。《汉书·食货志》记：“有司言曰：古者皮币，诸侯以聘享。”至汉武帝元狩四年（公元前119年）进一步规定，凡王侯宗室向朝廷贡进，必须用白鹿皮币荐璧。《汉书·食货志》记：“今半两钱法重四株，而奸或盗摩钱质而取鋊，钱益轻薄而物贵，则远方用币烦费不省，乃以白鹿皮方尺，缘以馈，为皮币，直四十万。王侯宗室朝觐聘享，必以皮币荐璧，然得行。”

向朝廷贡进时作荐璧用的皮币，本身价值并非十分昂贵，正如《汉书·食货志》记大司农颜异所言：“今王侯朝贺以仓璧，直数千，而其皮荐反四十万，本末不相称。”可见方尺的白鹿皮实际价值低于仓璧，不足数千钱。由《汉书·食货志》所记当时四铢钱的流通情况可知，规定皮币“直四十万”，并规定“必以皮币荐璧”，其实质是回笼社会上过量钱币。当时“自孝文更造四铢，至是四十余年，从建元以来，用少，县官往往即多铜山而铸钱，民亦盗铸，不可胜数，钱益多而轻，物益少而贵”“是时禁苑有白鹿而少府多银锡”，于是硬性规定用只有朝廷能供给的白鹿皮“荐璧”才可贡进。这样每方尺皮币可回笼钱币40万，通过这一手段来收敛各地“益多”的钱币的确是非常有效的。值得注意的是皮币所代表的价值实是支付40万钱的一个凭据，依然属券据性质。

飞钱、便换

唐代券据普遍用于货币支付过程之中，出现了一种专用的支付工具“飞钱”，后又被称为“便换”。《新唐书·食货志》记：“宪宗以钱少，复禁用铜器。时商贾至京师，委钱诸道进奏院及诸军诸使富家，以轻装趋四方，合券乃取之，号飞钱。”《因话录》记：“有士鬻产于外得钱数日缗，惧以川途之难赍也，祈所知纳钱于公藏，而持牒以归，世所谓便换者。”

唐代飞钱、便换的应用范围越来越广，因而经办飞钱、便换的机构亦越来越多，开始是由地方各道在京师所设的进奏院经办，逐步推向诸军、诸使，后来户部、度支、盐铁等机构均经办，直至出现了专门经营飞钱、便换的商人。唐代飞钱产生于唐宪宗时，当时地方官府、诸军要向京师输送一部分钱财；有些富人在京师有现钱来源，而一部分家人住在外地缺少现钱使用；恰

好一些商人在外地赚了钱，苦于难以运到京师。这样，就产生了同时使这两种需求都得到满足的办法：商人把现钱交给地方官府，或者驻军、富人在当地的家属等，取得凭证，拿凭证到京师领取同样数量的现钱，双方都避免了长途运输铜钱的麻烦。这个办法就是飞钱，又叫便换。飞钱出现不久，就遭到官方禁止。后来，官方感到飞钱的好处，就由户部、盐铁、度支三处官署经营飞钱。

知识链接

唐代飞钱适应形势需要的四种表现

1. 当时社会上钱币流通量需求不断增加，各地均出现了钱币供应量不足的情况，许多地区出现了“钱荒”。交易中迫切需要产生替代钱币的支付工具。

2. 随着交易量的增加，即使凑足了所需钱币的数量，运送和储存既要耗费硕大的人力与物力，又会遇到各种各样的危险，而且钱币的大量转手又常常往返地发生，客观上需求一种简便又稳妥的转划钱币办法。

3. 中央与地方之间，钱币的发放与回笼更是调运频繁，繁忙的钱币转运几乎难以正常实现，迫切需求可以代替钱币转运的转划工具。

4. 唐代的财政收入主要依靠设在各地的税场，税场收纳的钱币除了必要的运送外，大多可以通过转划来实现调配，需要理想的转划工具。

唐代飞钱、便换的运行，缓解了钱币供应量之不足，便利了钱币的调运，促进了商品的流通。宪宗元和六年（公元811年）曾一度禁除飞钱、便换，这种违反商品经济发展的做法带来了货币流通的滞缓，商业发生萧条，不得不在次年重新开禁。可见飞钱、便换已成为唐代经济运行中不可缺少的一种支付工具。

唐结束以后，类似飞钱、便换的券据依然在许多地区运用，在某些地区还得到进一步发展。楚马殷年间（907—930年），长沙因所铸行的乾封泉

宝大铁钱值低而体重，流通极不方便，出现了运用券据“指垛交易”的情况。券据逐步由支付工具走向在交易中直接流通，为“楮币”的产生进一步铺平了道路。

从飞钱到纸币

纸币可追根溯源于皮币，皮币是西汉时期的产物，而纸币产生于后来的宋代。西汉时期的皮币与后来的纸币有相似之处——原本价值较低的鹿皮或纸张被行政律令人为地赋予了极高的价值。而宋代纸币与唐代飞钱的关系更密切，唐代的飞钱与汉武帝时的边籴制度有着渊源关系。汉武帝时，派军进攻西南夷地区，军粮不足，就召募当地人“人粟县官，而受钱于都内”。唐代飞钱与这种西汉时期在边疆地区纳粮、在京都取钱的做法类似。

宋代的纸币交子就是由飞钱演变而来的。交子是在一个特殊的历史背景下产生的。唐宋时期，四川是经济较发达地区，说“扬一益二”就是指此意。“益”是益州，地理范围覆盖如今四川盆地。宋朝时期此地比较富裕，北宋灭掉后蜀，便在此处强行推行铁钱。但因铁钱价低体重，重的每贯25斤，轻则13斤，一个人拼尽全力也拿不了几贯钱，这就给贸易带来了极大的不便。

早在五代，楚国马氏铸行大铁钱，就出现了“钱既重厚，市肆以券契指垛交易”的社会状况。文献记载中讲的“券契”是不是纸币并不确定，但铁钱太重不利于经济交易，迫使人们另想他法，这一趋向却是与北宋时的四川相同的。交子就产生于这样一个矛盾环境中：北宋经济的发展呼唤轻便简洁的货币出现，而官方却要强力推行阻碍贸易发展的笨重铁钱。

关于交子产生的具体时间，很难判定。因为文献中只有官营交子产生于宋仁宗元年的记录，而在这以前已经有十六户百姓办的交子。李攸《宋朝事实·财用》等史料中关于十六户百姓办交子之事的记载相当详细：十六户的交子是用同一种纸印制的，“印文用屋木人物，铺户押字各自隐密题号，朱墨

间错，以为私记”。纸币所代表的钱数是临时按需填写。持交子可以到异地取现钱。用交子兑取现钱时，要收取手续费——每贯扣取三十文。

作为官方允许经营交子的费用，十六户每年要为官府提供清理粮仓和修水坝的人力和物资。后来，十六户因挪用资金造成交子信用危机，经济受到影响，官府便勒令十六户停办交子。官办交子是在私办交子停止以后，因经济发展需要而产生的。

这十六户是经营交子的具体时间，经营了多长时间，在他们以前是否还有别人经营过交子，我们都无以知晓。史籍中也没有记载关于这十六户发行的交子除了兑取现钱以外，是否还在市面上代钱行使的信息。所以，我们只能确定民办交子的功能与现代的汇票、支票接近，而不能说它一定具备银行兑换券那样的用途。

官办交子与民办交子迥然不同，它以国家作为强大后盾。它可以代替现钱交纳赋税，具有法定货币的地位，进而在民间逐步取代了铁钱，官办交子成为真正意义上的纸币。

第二节 纸币的发展

纸币的推广

世界最早的纸币——交子于北宋仁宗初期（有人认为是宋真宗时期）在四川地区使用以后，宋朝政府企图将其推广到陕西、河东地区，但因与钞盐制度和入中制度相违背而以失败告终。但交子的发行量却急剧增长，在宋哲宗末年由最初的120万贯增加到370万贯。北宋后期朝廷又曾尝试发行以铜钱为本位币的钱引，亦以失败告终。于是朝廷将四川的交子改名钱引，总发

行量也减为250万贯。

南宋绍兴六年（1136年），朝廷因财政困难，曾试发行以铜钱为本位币的纸币，但因时局动荡又停止发行了。此时民间却私自发行了性质类似汇票、支票的寄附会子，到了南宋高宗统治末年，官方禁止私人寄附会子，仿效寄附会子发行官会子。南宋高宗统治末年，以铜钱为本位币的纸币才得以发行。此举是通过禁止民间私人寄附会子并仿效寄附会子发行官会子而实现的。

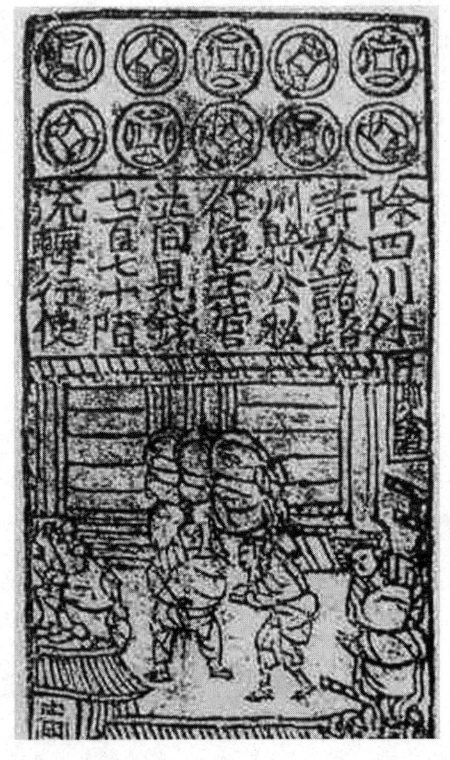

四川的交子

不久又产生了地方性纸币湖北会子、淮南交子、关外铁钱会子、四川银会子等。宋宁宗统治时期，各种纸币的发行量已达数亿贯。南宋末年，因会子贬值严重，于是宋朝朝廷又发行金银现钱关子。比南宋发行纸币稍早一些时间，我国北方的金国也开始发行纸币。这时期纸币的发行在全国范围内已经初具规模。

金国发行纸币始于贞元二年（1154年），比南宋发行会子的时间还要早些。其发行的纸币名叫“交钞”，或许是受到了北宋入中制度粮草钞的某些影响，与其同名。交钞分大小两种，大钞分一贯、二贯、三贯、五贯、十贯五种，小钞分一百文、二百文、三百文、五百文、七百文五种。

交钞起初规定以七年为兑界时限，到期以旧兑新。但金世宗大定二十九年（1189年）宣布取消这一规定，交钞便成为中国历史上最早的无限期流通的纸币。

交钞在发行后的前40年运作正常，而后来因为战争频发，军费开支庞大，自金章宗承安年间（1196—1200年）开始贬值，并日趋严重。到金宣宗贞祐三年（1215年），朝廷决定废弃交钞，另外发行一种名为“宝券”的纸币。此后至金朝灭亡的约20年里，金朝不断废弃旧纸币，发行新纸币。据记

载发行的纸币有通货、通宝、重宝、宝泉、珍宝、珍会、珍货等（各处记载有差异），其中包括以银为本位和以续印制的。

元朝初期就曾发行纸币，灭掉金、宋以后又在全国范围内推行纸币。值得注意的是，宋朝和金国都实行纸币与铜钱（有时还有白银）一起流通的方针，同时对纸币的法偿能力都做了一些限定。例如宋朝，长期推行“钱会中半”制度。该制度因规定百姓缴税时所交会子最多只能占金额的一半，另外一半则用铜钱缴纳，所以限制了纸币的职能。在元朝统治者掌权的大部分时间里，铜钱和金银在交易中被禁止使用，因此钱币成为唯一合法通用的货币。从经济角度看，元代的纸币才是无限法偿的货币。

纸本位的元朝货币

元朝（1206—1368 年）在中国历史上是一个具有承上启下作用的朝代。它实现了大范围的各民族的交流融合，并且在政治、经济、文化、科技等领域取得了突破性成果，促进了中华民族文化的大发展。

元朝的奠基人忽必烈主张“应天者惟以至诚，拯民者惟以实惠”，将科举制度废除，一些关乎国计民生的科学文化在政府的帮扶下也得到了快速发展。元朝的货币也随着贸易的交往，大量流出到高丽和日本，以及其他海外各国。在韩国海域曾出土过一艘中国元代的大船，该船有 12 个船舱，存有数千件瓷器，钱币 7 万枚。据考证，该船主要来往于南亚和非洲。

元朝时期，日本商人经常到福建、浙江海口来做生意。历史著作《岛夷志略》记载，元朝商人经由海路到安南、占城（今越南）经商，带回一批财物和钱币。元代旅行家周达观在其《真腊（柬埔寨）风土记》中写到，在真腊到处可见元朝的钱币、金银、铜器、锡器、漆盘、青瓷、麻布、雨伞、铁锅等。1294 年，暹罗国王来元朝访问，此后，元朝的商品、钱币，不断流入暹罗，即现今的泰国。摩洛哥旅行家伊本·白图泰和意大利人马可·波罗，都曾在书中写到元朝商人带着货物和钱币，到俱兰、狮子国、马尔代夫去做生意。此外，元朝货币还流出远到中非和中欧的一些国家。元代的商品、钱币也流入了非洲各国。公元 1253 年，宪宗亲王旭烈兀带兵到达叙利亚、埃及等国家。后忽必烈又派使臣到达马达加斯加、层摇罗国（坦桑尼亚桑给巴尔地区）。

摩洛哥的《伊本·白图泰游记》里写到，中国元朝通用钞币，纸币有手掌一般大小，一面印着皇帝的玉玺。元世祖至元十二年（1275 年），元朝派景教徒带着书信、礼品、钱币等物品，去耶路撒冷圣地朝拜。途中又受伊利汗国国王之托，景教徒首先到达君士坦丁堡、那不勒斯、罗马，后去拜见法王腓力四世和英王爱德华一世。

意大利人马可·波罗与其父亲、叔父于元世祖至元二十七年来到中国。《东方见闻录》就是由作家思蒂谦根据他回国后的口述撰写的，此作品令欧洲人大开眼界。该书专门讲述了元朝货币的发行、印刷、流通情况。

元朝货币制度的最大特点是长期、广泛、大量地发行和流通纸币。纸币轻，极易大量携带。虽然元朝版图辽阔，横贯欧亚大陆，但依然携带纸币可“北逾阳山，西极流沙，东尽辽东，南越海表”，极大地促进了贸易的发展。这令当时的欧洲人极为惊讶。意大利旅行家马可·波罗在他的游记里写道：“纸币流通于大汗（元朝皇帝）所属领域的各个地方，没有人敢冒着生命危险拒绝支付使用，用这些纸币，可以买卖任何东西。同样可以持纸币换取金条。”他还极其震惊地说：“可以确凿断言，大汗对财富的支配权，比任何君主都来得广泛。”

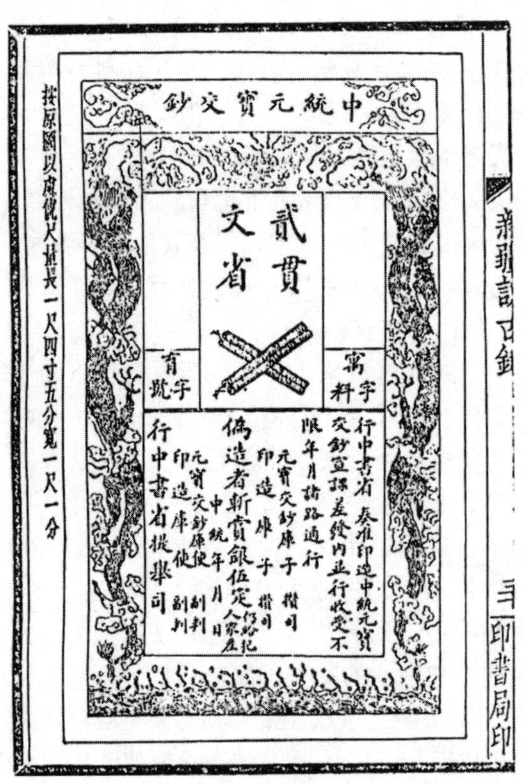

元朝的纸币

元朝纸币一般为长 25—26 厘米、宽 16—18 厘米的长方形，版面的四周是花边。纸币上方正中写有面值，面值分一贯、贰贯、十文、二十文、五十文及一百文等，另外从左到右印有“××通行宝钞”。下方印有印钞单位，职官名称，发行年、月、日及伪造者处死等警告语。元朝的纸币流通主要

有中统钞、至元钞、至正钞三种。这三种纸币币值最稳定的是中统钞，流通时间最长的是超过了 36 年的至元钞。而发行量最多、贬值最严重的是至正钞，至正钞开始流通于元顺帝至正十一年（1351 年）。这种新钞大量印刷，结果导致物价上涨十余倍，并且破坏了钞法，贬值达到了顶峰。根据史料得知，当时每日营造的纸币无法计数，导致物价上涨。当时人们不愿使用纸钞，因此纸钞流通困难，最后形同废纸。甚至有人用不值钱的纸钞糊墙，可见其贬值现象有多严重。

至正权钞便在纸钞形同废纸的背景下出现的。至正权钞的产生是元顺帝的想法，他认为可以用大面额铜钱来代替废钞。权钞钱面文亦汉字对读，背上“吉”字寓指铸地江西，穿右直书“权钞”，左直书纪重文字，面值有五分、一钱、一钱五分、二钱五分、五钱五种。从钱文内容来看，至正权钞分两种：通宝与之宝。通宝种类繁多，价值较低，之宝铸量稀少，流通不广，故世上罕见。在 1990 年 5 月香港国际融币拍卖会上，3 枚至正钞拍得高价，权钞一钱拍价为 1800 美元，权钞一钱五分拍价为 1600 美元，权钞二钱五分拍价为 1800 美元。

元朝所铸钱币与两宋相比，不仅数量少，而且在形制及制作工艺上都相差很远。

知识链接

元朝农民起义的原因

元顺帝妥欢贴睦尔是元朝最后一个统治者，他是在宫廷斗争中几经劫难才登上帝位的。他性情乖戾残暴，曾诛杀大臣 500 余人；且贪婪腐败，大肆剥削民众，滥印纸钞；另外还为了开掘黄河水道，在汴梁、大名等地强征 15 万人。元末农民起义的直接原因就是“开河变钞”；主要原因是元顺帝惨绝人寰的统治，王室的纷争，权臣误国；而根本原因在于元朝统治

者实行的种族歧视政策。元朝人为地把臣民分为四等（蒙古人，色目人，汉人，南人），敌视和欺压汉人和南人，激起民众抗议。甚至有元朝大臣认为应该把汉人中大姓“张、王、赵、李、刘”等人口杀光。正是由于上述种种原因，元朝最终爆发了农民起义，导致了元朝的灭亡和新王朝的诞生。

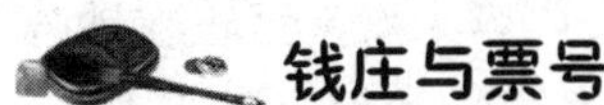

钱庄与票号

1. 钱庄、票号的产生与发展

明清时期的钱庄、票号，是在唐代飞钱便换和宋代金银交引铺的基础上产生和发展起来的。

前文已述，唐代的飞钱便换近似现代的汇兑，既有官营又有私营。宋代官营飞钱便换即便钱很兴盛，但却禁止私人经营，私人汇兑业的发展受到抑制。不过宋代私人经营的金银交引铺却颇兴盛，这是由于宋代大额支付中有时可以以金银代钱，有时又必须使用铜钱而不能使用金银，但长途跋涉携带巨额铜钱很不方便，通常又是携带金银的，在一些场合需要把金银兑成铜钱，在另一些场合（例如出远门之前）又需要把铜钱兑成金银，这就产生了金银与铜钱彼此兑换的需求。宋代实行入中制度和盐钞茶引矾引等制度，商人向官府缴纳实物或金银钱币须到异地领取盐茶矾等。有时商人中途改变计划不愿经营原来准备的盐茶矾等专卖品，有时商人由于某种情况急需大笔现钱而他的资金都已被钞引占用，有时官方突然改变专卖法，要求商人补缴大笔钱才能领取盐茶矾等，诸如此类情况，商人都需要转让一部分或全部钞引以换取现钱。金银交引铺就是在上述需求推动下产生的，它的主要功能也就是满足这些需求。在南宋时期，由于普遍使用纸币，又产生了纸币与金银、钱币、交引彼此兑换的需求，这方面的事务自然也就由金银交引铺承当起来了。

日升昌票号

明清时期的钱庄在开始阶段，其功能反不如宋代金银交引铺复杂。明朝初年既禁止使用金银和铜钱，金银、铜钱、纸币（交钞）三者之间的兑换也就无法开展。钱庄等开始活动大约是在使用金银铜钱的禁令解除特别是在白银成为法定货币以后。钱庄最初大约主要是经营白银、铜钱的兑换，当时白银、铜钱是两种最主要的货币，二者之间的兑换是经常需要的。所以，钱庄有些地方又叫钱铺、钱肆、银号、银行，即有些从铜钱这方面来命名，有些则从白银方面来命名。有些小钱庄干脆就叫钱桌，大约是因为营业时仅摆一张桌子，来兑的人随来随兑而得名。这使人联想到西方的“银行”这个词，据说它是由“板凳”这个词演化来的。也就是说，西方银行家的前辈竟是市场上坐在一条板凳上兑换货币的摊贩。明代小说《金瓶梅》《三言二拍》《醒世姻缘》等都有关于钱庄的描写，说明钱庄在社会生活中已起到相当重要的作用。随着钱庄的发展，它们逐渐不满足于单纯的兑换业务。于是，传统的异地汇兑业务首先得到恢复，钱庄开始发行会票。以上业务并没有超过宋代的金银交引铺，钱庄真正超过宋代金银交引铺，大约是在清代乾隆年以后。

钱庄在清朝前期消沉了较长一个时期，直到清中叶才又发展起来。据统计，自清康熙年间到道光十年（1830 年）以前，北京先后开设的钱庄有 389 家。在乾隆四十年（1776 年）到嘉庆十年（1796 年）20 年间，上海有钱庄 106 家。这些都表明钱庄在清代中后期较为兴盛。尤其值得注意的是，有些钱庄由于长期经营汇兑业务，逐渐从钱庄中分化出来，演化为票号。清朝中后期的钱庄、票号在三方面明显超过宋代的金银交引铺：一是它们经营存放款；二是它们发行的钱票能在市面上代钱流通；三是票号和一部分钱庄在不同地区间形成网络，有的有多处分号。

据记载，乾隆、嘉庆年间，山西平遥人雷履泰在天津开设日升昌颜料铺，因为要从四川购运铜绿，担心自天津往四川输送银两中途被劫，就在四川设立分号，兼营汇兑，后来汇兑业务越搞越大，成为著名的票号，山西票号于是由此发展起来。

2. 钱庄、票号与近代银行的不同

钱庄、票号经营的货币兑换、汇兑、存放款、发行票据等都与近代西方银行业务接近，但钱庄、票号与近代西方各国的银行有着显著的区别。

首先，钱庄、票号中大多数经营规模较小，资金多是一家一户的，有些是一个家族的，很少有广泛集资的，而同时代西方各国的银行却多是较广泛集资兴办的。钱庄、票号的业务限于国内，而当时西方各国的银行多有跨越国界的业务。其次，钱庄、票号的存放款，用于生产性资金周转的所占比重很小，特别是由于放款利率较高（一般年利率多在十分之二上下），用于生产的放贷更少。换句话讲，就是钱庄、票号的业务与生产存在脱节的情况。这样就严重限制了业务范围的扩展。最后，钱庄、票号的人员组成、经营管理具有较浓厚的封建性。其人员上下关系，多靠血缘、宗族、主仆、师徒等来维系，其管理也是家族式的管理。

钱庄、票号的极盛期是在鸦片战争以后的一段时间，随着国内银行业的产生和发展，它们也就因完成了历史使命而走向了衰落。

第三节 纸币的艺术

纸币与造纸术

中国是世界上最早行用纸币的国家。同样，中国是发明造纸和雕版印刷术的国家。造纸和印刷术，正是纸币产生的技术基础。

根据多年来的考古发现，中国至迟在西汉宣帝时期（前73—前49年），就已掌握了用麻、碎布等制作纸张的技术。东汉后期，造纸业得到较快发展，纸的质量明显提高，已能批量制造用于书写的纸。1974年，甘肃武威一座东汉墓葬中出土若干麻纸，质地上乘，纸上留有文字墨迹。两晋、南北朝时期，随着造纸技术的进步，造纸原料扩大，稻草、麦秆、草藤等都被用于造纸，纸的使用日益普及，逐步代替竹简、丝帛，成为主要的书写材料。至唐代，造纸规模扩大，造纸作坊遍及全国各地，并出现了越州藤纸、韶州竹笺、蜀州麻面、扬州六合笺等诸多名重一时的品种。

但是，麻纸、竹纸、藤纸等纤维较粗，容易脆断，不耐折叠，而且其间的空隙度大，着墨易出现晕染现象，因而不适宜做纸币用纸。然而就在唐代，人们生产出了新的纸品——楮皮纸，习称皮纸，即以楮树皮为主，辅以野麻、桑穰、稻草，制造出质地坚韧、洁白细腻、平匀光滑、吸水力强的优质纸。楮树是桑科楮属的统称，包括桑树、檀树、构树等多个品种。皮纸的出现，标志着造纸原料从草本植物向木本植物的发展，同时也标志着造纸技术的进步。到宋代，在皮纸制造技术发源地四川，纸料的杵捣、蒸煮、漂白、染色，纸张的抄撩、烘干等，都形成规范操作的工序和专用的工具、设备。尤其是成都出产的楮皮纸，细白精洁，坚韧耐久，“凡公私簿书、契券、图籍、文牒，皆取给于是。蜀中经史子集，皆以此纸传印”。苏东坡把纸质归功于水质，说：“成都浣花溪水滑异常，以沤麻楮作笺纸，洁白可爱，数十里外便不堪造。”此说法恐怕不够全面。

中国最早的纸币，无论是民间自发印制的纸币——成都16家富户行用的交子，还是由政府正式发行的流道券——益州交子和务官交子，首先出现于宋代的四川，除了这里具有商品经济繁荣、货币信用较为发达的经济基础外，也与造纸技术的进步有关。为了保证制币所需的优质纸的供给，并防止伪造，宋神宗熙宁年间，朝廷在成都南郊设立由官府直接管理的抄纸院，与交子务分开，专门制作印刷交子用的专用纸。制作中，不惜“增添纸料，宽假工程，务极精致，使人不能为伪”。因而，纸币在当时也叫作“楮币”。南宋时期，朝廷在东南地区发行纸币会子，其印币用纸分别来自安徽池州、歙州，浙江临安和四川成都。其中池州纸亦以楮树皮为原料，精工抄造，有玉版、凝霜、澄心等名号。临安纸以竹子为主要原料，光洁坚韧，足以与川纸、徽纸相媲美。理宗时，朝廷在安溪设立会纸局，役工多达1200多人，集中制造印刷会子用的纸。由于纸币印制数量相当大，对纸质的要求较高，这又促进了造纸技术的提高和造纸业的兴旺。恰如宋代诗人梅尧臣对安徽澄心堂纸所赞扬的：“塞溪浸楮春夜月，敲冰举帘匀割脂。焙干坚滑若铺玉，一幅百金曾不疑。”诗人对澄心堂纸的赞誉显然过于夸张，如果真是“一幅百金”，则此纸所做纸币将作为实物货币而不是货币符号进入流通。不过，诗人对造纸工艺流程的描写，却形象地反映了造纸技术的进步。

纸币与印刷术

纸币产生的技术条件，除造纸技术的发达外，还必须有印刷术的改进、完善。印刷术是中国古代的重大发明，它起源于战国时期的印章、封泥和西汉时期的碑刻拓印。前者是以阴文或阳文的反字，蘸取印泥在纸上印出正书的文字；后者是在碑面上铺贴润湿的纸，再在纸上扑墨，把碑上阴刻的正字传拓到纸上。到唐代，人们综合这两种文字、图像的复制方法，形成了雕版印刷术。雕版印刷是采用纹理不明显的木板，刨平后雕刻阳文（凸出）的反书文字或图案，称为版，然后在版上均匀涂墨，铺上纸，然后轻轻拂刷，

老式木质雕版印刷设备

便能印出正写的文字和图案。与楮皮纸制造技术起源于四川相一致，雕版印刷术也最早兴起于四川。唐文宗大和九年（835 年），东川节度使冯宿奏报朝廷说：“剑内两川及淮南道皆版印历日鬻于市，每岁司天台未奏颁新历，其印历已满天下。”可见晚唐时期雕版印书之盛。成都出土的唐僖宗中和二年（882 年）刻印的《剑南四川成都府樊赏家历》，是世界上现存最古老的印本成书。自晚唐经五代至两宋，四川成都、眉山一直是国内重要的雕版印刷中心。中国最早的纸币——交子，产生于四川，当然得到造纸和印刷的技术支持。

到北宋时，在木版刻印的基础上又发展出铜版雕刻。铜版雕刻较木板雕刻更加精细和耐用，这能够适应纸币印刷印数较多和防伪要求较高的需要，为纸币印刷准备了必要条件。据文献记载，北宋末年的交子务和钱印务设有雕匠和铸匠，采用铜版印制纸币。见于著录的交子、会子两件宋代纸币钞版均为铜版。至于目前能见到的钞版实物，1983 年 7 月，在安徽东至县废品中

转仓库发现的一组8件南宋关子钞版，为铅质，手工雕刻而成，经研究为试样雕版，由此翻砂浇铸铜版。而湖北郧县博物馆收藏的元朝至元通行宝钞钞版，为铜版，属铸件，是直接用于印钞的印版。由此来看，纸币印制不同于书籍印刷，其单页大批量付印，采用了翻砂铸造铜印版的制版方式。

同样出于防伪要求，纸币印制还采用了套色彩印技术。最早由成都富商连保发行的私交子，就采用了红、黑两色套印。“诸豪绅以时聚首，同用一色纸印造。印文用屋木人物，铺户押字，各自隐密题号，朱墨间错，以为私记。”随后发行的北宋官交子，则用六块铜版，以黑、蓝、红三色套印。毫无疑义，纸币的印刷既采用套版分层加印，又采用短版分块拼印，对彩色套印术的发展具有重要意义。根据史著我们得知，中国古代的两色套印起始于元代，而多色套印则在明代得到发展。这显然忽略了纸币印刷，宋代的纸币印刷可能是套色彩印的真正起源。

纸币上的文字与图案

纸币以加印图案、文字的纸张来代表货币财富，一个严重的问题是防止伪造。这除了严刑峻法、警告人们不要以身试法外，还需要在纸币的印制上提高其防伪功能。中国古代纸币的主要防伪措施有4种。一是特定记号，宋代的交子、会子，采用一定的文字作为一种记号。例如交子每年印制5种版式，每个版式以一个字为代号，每年5个字，组成一句五言吉语，如“至富国财并”“利足以生民”“强本而节用”“旧法行为便”“时序货之源”“善治立经常”“化国日舒长”“维币通农商”，等等，分别与第七十界至七十七界的界次相对应。如果代号与图案、印章的搭配出现差错，便可认定为假币。二是编号，除数字编号外，还采用天干、地支和千字文汉字代码。其中用得较多的是千字文代码。如陕西咸阳出土的元代中统钞，其字号、料号分别为“师”字和“微”字，这两个字在千字文中的排列次序分别为74和541，这就代表了这枚纸币的编号。这种代码编号简练、含蓄，组合容量大，不宜出重号。三是签押，又称花押，即变形和缩写的汉字，相当于签字。宋人的《癸辛杂志》载有自太祖到度宗的宋朝15位皇帝的御押图形。各级主管官员也各有官押。法定纸币必须加有签押，才能生效，并表示信誉。四是印信，即加盖官印。南宋关子钞版四颗官印分别为“国用见钱关子之印”“监造检察

之印”“关子库印”“关子合同印”。与《文献通考·钱币考》所述会子用印四颗，为“国用印”“提领检察印”“会子库印造印”“会子库合同印”基本一致。中国历来重视用印，视印信为权力和信誉的象征。当然，这几种记号还不能从根本上排除仿冒和伪造，但几种方法并用，分别代表不同的发行地和发行时间，并相互照应，却能起到较强的识别和检验作用。这些方法都根源于中国文字，利用汉字字形、字义及其排列组合，赋予更多的信息含量，从而进一步丰富了中国传统文化的意象内涵。

中国古代纸币的印制，从一开始起，就在纸币面背印有图案。图案有简有繁，有精有细，其作用不仅在于装饰美观，也具有一定的识别意义。如南宋关子试样雕版，其中被称为“尾花版”的图案为一宝瓶，瓶口可见金银财宝等物。宋代纸币的印制发行分期进行，每期称为一界。其中南宋会子第十七界的背印图案为灵芝，人们称之为“芝币”；第十八界背印图案为宝瓶，人们称之为“瓶楮”。关子是在第十八界会子通货膨胀的情况下酝酿发行的，印上宝瓶图案，是为了便于百姓认识和接受。清代的大清宝钞和户部官票，分别加盖花纹图印一颗，其花纹因面额不同而有星辰、山川、鸟兽、草木之别，这也是在装饰之外增加识别和防伪功能。

知识链接

宋代纸币丰富多彩的图案

据记载，宋代的交子、会子，币面的红团印和背面的背印，为纸币的主图，分别刻有神话故事和历史故事。如龙龟负图书、尧舜垂衣治天下、舜做五弦琴以歌南风、周宣王修车马备器械、孟尝还珠、孟子见梁惠王、张良纳履、卜式献财、武侯木牛流马、孔明羽扇指挥三军、祖逖中流击楫、王祥卧冰、吴隐之酌贪泉赋诗，等等。其他敕字版、年限版、青面印等，则饰以花纹，如双龙、盘龙、龙凤、夔皋、鱼跃龙门、金鸡报晓、祥云、金

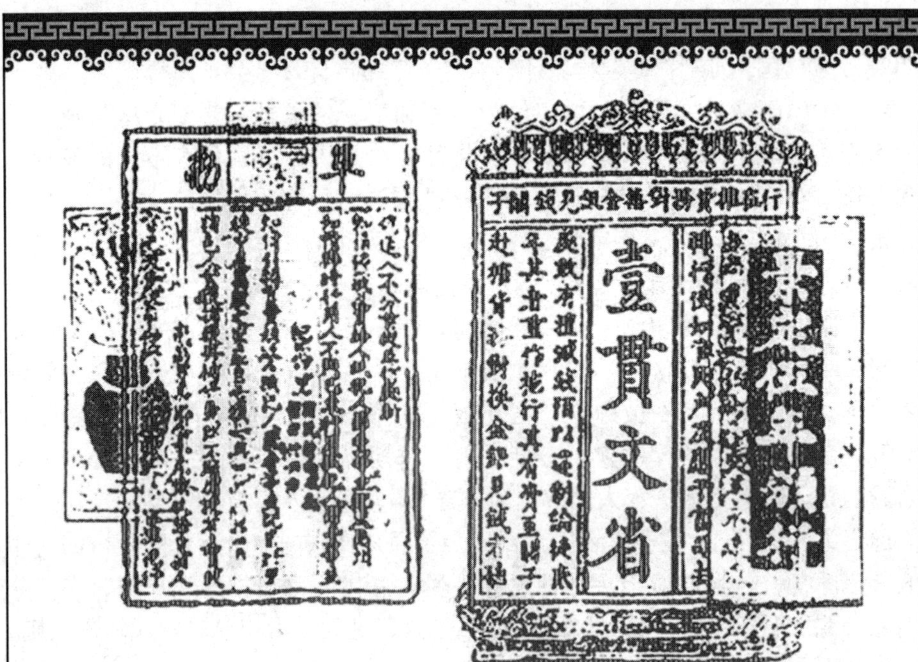

南宋交子

花、千叶石榴、合欢万岁藤、缠枝太平花，等等。据研究，宋代纸币的形制创始于北宋徽宗时期，其图案设计在一定程度上受到作为杰出书画家的宋徽宗赵佶的影响。纸币上的这些花纹图案，出现于中国传统版画艺术上升发展时期，想必具有较高的艺术创意和文化价值。

第四章

沙里淘今——中国古代钱币的鉴定

过去出土的成堆古钱币，除了有关部门挑选一些珍品外，大多进了工厂熔炉被熔化了，这无疑是一大损失。近年来，人们开始重视古钱币的收藏、研究，逐渐懂得了它的价值，但私铸杂钱大量存在，朝鲜、越南、日本等国的伪造者大量仿制，无疑增加了我国古钱币收藏的复杂性，学会鉴定古钱真伪，分清本国与外国钱币已显得尤为重要，同时这对继承和发扬我国悠久灿烂的文化也有着十分积极的意义。

第一节 学习常识辨真钱

鉴定钱币的基本依据

我们通常根据古钱的时代特征和其本身具有的个别特征来鉴别钱币。时代不同钱币的特征也有所不同。先秦时期货币主要有三大体系，即布币、刀币和环钱。有些空首布特别粗大，身长连首有五寸，身宽三寸以上，而且纳柄的空心一直通到布身的腹部，肩圆底平，两面都没有文字，同农具的铲最接近。这种古布可以判定是在西周以前创造的。战国时期，布币从形制上发生了如下变革：一是空首变平首，由大变小；二是布币浇口在首端，且浇口边缘呈自然状态，因其浇口边缘有浇铸时挤出范外的多铜。伪造者却将伪币浇口打磨而暴露其币之伪造。大部分刀币、布币无论在形制方面或文字方面，都体现出自由奔放的特征。当时铸钱是用泥范，每范只铸一次，所以即使出自同一地方，也不会出现两枚文字相容的钱币。这种钱币上的文字书法流畅，其笔画是一刀而成，绝不改动，伪造者伪造这些钱币时字画都显迟滞，全然没有战国钱币文字的特点。

刀币

西汉的铜钱有八种。汉初半两，身小肉厚，文字极不规则，有时甚至高挺；八铢半两身大而肉薄，文字也扁平；三铢钱只用了四五年，数量不多；五铢钱种类多。目前所见伪品几乎都是半两、五铢中的特殊品。伪造者多采用真币改刻、翻砂这两种手段来伪造钱币。三铢

钱则由五铢钱改刻而成，应小心辨认。

莽钱中金错刀制作精美，大泉币直径一寸二分，重二十铢。契刀和错刀币都是两寸长，错刀有“一刀平五千”五个字。其中“一刀”是用黄金错成的，所以称为金错刀。当时币上钱文是以垂针篆为主，文字的书法也臻上乘，伪品有的粗糙，有的虽精细，但文字无生动感，略显呆板，细辨终能识别。

魏晋时钱币种类多，但伪品也多。虽然铁钱也曾普通同行，但这时钱币仍以铜钱为主。出现了国号钱、年号钱及吉语钱，如“丰货”钱，该钱直径约3厘米，篆书，为后赵石勒所造。“汉兴”有两种，第一种是上汉下兴，隶书，称为“直汉兴”；另一种是右汉左兴，篆书，称为“横汉兴”，该钱币较为少见。“汉兴”“永光”“景和”的直径在1.5厘米至1.7厘米，“凉造新泉”“天清丰乐”的直径在2厘米至2.2厘米，“太夏真兴”的直径在2.2厘米至2.3厘米之间，与此不符者，基本上是伪钱。因此我们一定要仔细了解各时期铸币历史，只有掌握各代钱币特征才能进行有效的鉴别。

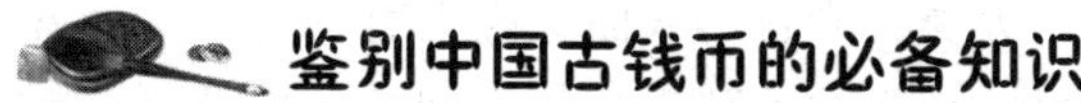

鉴别中国古钱币的必备知识

1. 真钱伪锈和伪钱真锈

靠几千年流传下来的古代钱币并不多，多数是出土的古币。金属入土时间长久必然生锈，因而古币出土都是有锈的。例如铜币埋藏在地下都会发生氧化铜反应，但因埋藏地条件的不同，铜面形成的颗粒大小和颜色深浅也各不相同。伪造者在制造古钱币时也就需要做伪锈。这就需要鉴别者认真观察。古钱中也还存在真钱有伪锈和伪钱有真锈的情况。流传至今的真古钱是不会生锈的，但遇到盐酸或醋酸以后，会长出一种像是伪的松松的绿锈，判断者一定要对这种特殊现象给予关注，避免错过真品。另一种是古钱本身长满了锈，锈是真的，但伪造者把这些改刻或挖补做成稀世品，这样的伪钱也需注意。

2. 古钱版别是怎么回事

版别一词起源于唐宋翻砂铸钱法。明代《天工开物》一书记载了明代铸钱的工艺过程：木框中填土炭末，排放锡母钱，底面两筐为一套。每套一次

所铸钱，称为一版。后来人们将凡是从形制和钱文上都极为相似的古钱称为一种版别。

古钱版别的形成，受古代铸钱工艺条件的影响最大。早期用泥范，随铸随毁，同版钱极难找到。后来有了石母范、铜母范，钱范的使用率提高，同版钱就增加了。采用母钱翻砂法铸钱后，“大分别”的作用在钱币学上就更突出了。

钱币学上根据彼此差异细分出若干种，称为“分别”。习惯上把数量较常见、差别较大者称“大版别”，反之称为“小版别”。

版别多与少，与历代政治、经济有着密切的关系。凡是诸侯林立、经济大乱之时，货币上就反映出币制的混乱，版别种类急剧增加。在五代十国那样一个十分混乱的年代，钱制就非常复杂，大概是因为当时铜料缺乏，处于混乱中的割据政权也就听任人民私自铸钱。后汉铸的汉元钱还比较精整，周元钱则是把寺庙的铜像毁了用于铸钱的，后代仿铸甚多，版别也很多。

唐朝开元钱的版别也是很多的，这种版别多是根据文字的笔画和背面的星月定出来的，开元钱大致分为三大类：光背、背面穿孔上有一月、杂色开元。将钱币分类的目的就在于它们可能有助于解决断代等问题，填补历史记载的空白。不能为区分版别而区分版别，导致只见树木，不见森林，这样就使区分版别工作失去意义。

清代咸丰钱版别特别多。这时铸局大为增加，除原来的炉座外又新增加了十个。中国币制十分复杂，前有王莽时的宝货制，后有咸丰时的钱钞制。由于咸丰时钱币值下跌，钱的分量常有变动，很容易出现大小错出，轻重倒置的现象；当五十的大于当百，当百的重于当千。钱币上有铸局名称，所以各局所铸，文字不同；文字的种类多，除汉文外还有满文、回文；币材种类也多，除铜钱外还有铁钱和铅钱。

同治初年，陕甘回民反抗清政府，新疆的拉锡丁和阿古伯趁机建立割据政权，铸造货币。所铸红钱和当时的同治通宝普尔钱在大小厚薄上完全一样。宣统时新疆红钱币背只有“库十”一种，造伪者将这种钱改刻成“当十”，一看就知道是伪造。

 3. 什么是四出纹、星号、月纹、云纹等

四出纹、星号、月纹等都是铸币时特意铸的记号。铸星开始于秦半两，

铸有月形、四出纹则开始于汉五铢时。南朝梁曾铸四柱钱，当时称星纹为柱。这种四柱钱就是在五铢钱的正面铸两星点，背面也有两星点；二柱钱是正面两星点。

后魏也铸钱，但遗留下来的仅仅是各种各样的太和五铢钱，而且大多是铜质粗劣，文字湮漫。到了永安二年所铸的永安五铢，技术上有显著进步。这种永安五铢是光背，既有少数有四出纹的，也有背面穿上有“土”字的历朝历代。北魏只有这几种钱。

唐时开元钱有一种是有月纹的。关于月纹的来源，都有争论，但有一点是许多人公认的，因为史料多有记载，就是这月纹是皇后的指甲痕迹。据说是初进蜡样时，皇后指甲一掐，铸钱者不敢动，结果留在了钱背上。

普通开元钱的背面，除了月纹以外，还有星点或太阳，也有云朵。乾元钱上，除月纹云朵外，还有飞鸟。祥云和瑞鸟在唐朝文物上十分常见。很明显这是代表吉祥的意思。那么月纹是什么意思呢？

新月在外国是有一定意义的，两角向上的仰月象征进步与成功，因此古希腊的钱币上就常有新月、星纹。

开元钱上的月纹和星月可能是受了与唐朝关系较好的中亚各国的影响。宋元钱有光背，也有背上有星月的，种类很多。但同一钱上，有星就没有月，星和月或在穿孔上面，或在下面，或在左右，月纹有在穿孔的四角上的。

崇祯钱是在中国铜钱中最复杂的一种。文字、大小、制作等方面呈现出千变万化的特点。有一种南京铸的崇祯钱背面穿下有一奔马形，俗称跑马崇祯。中国的钱币上很少用动物作图案，这以前只有唐钱的背面偶尔铸有飞鸟形。

崇祯通宝

清代新疆各局所铸的钱用红铜，形制则改用中原式的方孔钱，也称红钱。这些钱背有星月图案，背文也有特点，穿孔左边是满文，右边是回文，连同正面汉文，共有三种文字。

特别要注意的是西汉五铢、莽钱都无月纹，东汉钱币出现了月纹，但没有四出纹。

四出纹是钱穿口的四角伸出的四条

线，也就是穿口的四个角稍为向外延伸，穿口四条线呈弧形。

记号钱中也有价值高的，比如乾元重宝、崇宁通宝、宋元通宝等凡背有星云月纹的价格都是几百元一枚，前面提到的永安五铢背部有一“土”字的，价格也在400元以上。

值高就会有贪利的人，他们通常采用改刻等手段，将普通古币改刻成珍贵钱币。有的人也臆造出一些记号钱币，如不熟悉各代记号钱的情况，就很有可能上当受骗。

4. 什么是硬绿、红绿锈、水银古及包浆

钱币是金属铸成的，埋入土中成百上千年后，都会发生一系列的化学反应，例如铜氧化后会生成铜锈，这种铜锈异常坚硬，把这样的钱币放入沸水中浸泡，铜锈不会脱落，这就是我们常说的“硬绿”。绿锈的形成与地质相关，地质呈酸性，铜的氧化程度更严重些。北方干燥少雨，铜锈比南方多雨潮湿地方的铜锈要更坚硬。如果钱币入土的地方地气燥热，就会出现红紫色的铜锈，它常和绿锈混杂在一起，我们叫它“红绿锈”。如发现一枚钱币单是红锈没有绿锈的，几乎可马上断为是伪品。如果铜质含铅锡很多，即使入土年代很久远也不会生锈。因此判断铜锈还要根据具体情况具体分析，不能认为越古的钱币就应该是满身铜锈的。还有一种钱币的锈呈黑色或灰白色，有时铜锈中泛出一片片水银光泽，亦称水银古。水银古又分白水银锖、黑水银锖、绿水银古、红水银古。古钱入土时间不长或者没有入土，但传世日久，古钱表面在空气中也会产生一种色泽，俗称“包浆”。这种包浆呈古铜色或黑色。真币的包浆沉着，伪币的包浆飘浮，一般年代越久，颜色越深，虽是极薄的一层，但经煮洗也不会脱落。伪造包浆的方法是放在煤烟、油烟上熏黑，打腊上光，如用开水洗刷，伪浆就会失去。清康熙通宝大多是传世品，有一种康熙通宝，钱背文宝福，穿上有子、丑、寅、巳等字，价格在数百元至2000元。这类钱币一般都没入土，伪造该币更是容易了。因此对于珍贵的钱币，集币者头脑要清醒，要注意币面、币背文字的和谐统一，包浆的真伪，注意观察有无改刻的痕迹。

5. 怎样从钱体文字上断代

我国古钱币与西方钱币的不同之处在于：希腊钱币上不但有文字，而且

有图形，钱币的面背都有图形，各种人物、鸟兽、花木都是写实写生的，尤其当时对于人体的构造认识已较准确，雕刻出来的人像细致生动。各族的特点、神话故事、宗教、帝王的相貌，甚至有些历史上的重要事迹都遗留在钱币上。中国的钱币上只有文字，厌胜钱虽有图案，但不是写实图案。中国钱币上的文字，反映了中国文字发展的情形，从中发现了中国钱币十分重要的历史价值。钱体文字具有很高的书法艺术。先秦刀、布、环钱、蚁钱、楚金版、燕金饼，戳刻的文字系大篆书体。秦汉至隋，钱文体系属小篆，比如半两、五铢。这中间的莽钱货泉、布货又是悬针篆。北周的布泉为玉箸篆，五行大布、永通万国为铁线篆。早在成汉李寿所铸的汉兴钱已用隶书。唐以后，隶书盛行，钱文也属于隶书系统，例如为“八分书”的开元通宝就是如此。五代十国时的南唐，出现篆、隶、真书体对钱。北宋钱文书体则有篆、隶、真、行、草。自南宋光宗绍熙以后至元、明、清，钱文均以真书为文，间或采用篆书（如天启、永历、昭武均有篆书）、隶书。钱文又有蒙、满、回、西夏等少数民族文字，反映出了我国悠久灿烂的文化。

北宋钱币

钱币上文字风格多样，这是不同时代的产物。我们在鉴别各代钱币的同时，首先要注意鉴别和学习各种书本，更要学会欣赏书法作品，有了书法艺术的修养，就很容易判断钱币的文体与其时代是否相符，容易分清文字好恶，自然与模仿，也才能在细微的差别中清楚地断定这些文字是一人所写还是胡乱拼凑的赝品。

钱币鉴定有妙招

1. 锉痕的判断方法

古代铸币工艺不高，熔铜注入钱模冷却后，需开模一片一片地挟出，然后用木棒将多枚钱币穿在一块固定的转轴上，一边转动一边用锉刀锉整齐边

缘。根据这种工艺，我们判断出真品的锉痕绕钱而转，锉痕有力，与钱边沿呈水平状态。伪造者用真钱翻砂铸假古钱时，也必然要用锉刀锉光滑钱币边缘，但与真品相比较，伪币的锉痕就是乱七八糟的，没有规则，因为在伪造过程中，伪造者必须要一手拿钱币，一手拿锉来进行反复锉，不像真的那样固定和有力。当然流通时间长的古钱，锉痕也就自然消失了，同时钱面的文字也被磨得平夷了，没有新铸币那样的深轮廓。有些没怎么流通就埋入地下的古钱，出土时锉痕就清晰可见。所以观察锉痕也是判断钱币真伪的一种方法。

2. 怎样鉴别传世品的真假

有些古钱是世代流传下来的，并没有埋入土中而为民间收藏，这些古钱就称为传世品。

传世品的真伪鉴别是比较困难的，因为传世品基本无锈，古钱本色一览无遗。伪造者通常采用两种手段来以假乱真：利用与古钱廉价钱币或翻砂手段对传世品进行重铸。所以在鉴别时应从文字入手，观其有无神韵，也要听听有无转音，因为新铸币有火气，它的声音就有转音，用了很久的钱掷于地就无转音，据此亦可判断钱币真伪。

知识链接

“五字鉴别古钱法”

我们通常从钱币的文、质、声、色、神五个方面去鉴别古钱的真伪，将这五种鉴别方法叫作“五字鉴别古钱法”。

文是指钱的文字及纹饰。在真钱与假钱的字迹都模糊的情况下，就要根据整个钱体磨损情况来鉴别真伪了，真钱的磨损呈均匀状态，不会是其他部位磨损小，单是文字磨损大。如果钱币本身较新而单是文字磨损大，就要考虑是伪币了。

质指钱的形体和币材。币材就是铸币所用的材料，古代金属铸币，是以金、银、铜、铁、铅、锡为币材，其中以铜为主。

声指辨音，新铸的钱，其声必有转音，且有火气，而久经行使或出土的旧钱，火气已脱，将钱相击，并无转音。

色指钱的锈色、包浆、币材色泽。

神指钱的神韵，也就是说钱币的姿态、精神、风格、品相。

除这五字外，也有“味”字，就是用舌鼻“辨味”。真古钱长期埋入地下，时代久远，锈色和色泽与伪币有所不铜，真古钱带有一种土香。而伪造锈色的钱，带有松香、胶水，以及醋酸、盐酸等味。与之前的“五字鉴别古钱法”可共同叫作“六字鉴别古钱法”。

第二节 各朝钱币的鉴定

先秦时期钱币的鉴定

先秦的空首布、尖足布、方足布和圆足布等，其钱身皆属轻薄。这其中又以尖足、方足布的数量最多，文字最复杂多样。这几种布币都需要很高的铸造工艺水平，仿品一般都会出现币身厚重的问题，这一点是对这一时期的布币鉴定的重要依据之一。

三孔布图

这时期圆足布最具代表性的就是“三孔布”，这种藏品的存世数量极少，因此交易价格昂贵，因此有不少造假者伪造三孔布牟取暴利。自明、清时就有赝品三孔布流传在一些金石家的手中。当时多用薄铜片分别打制成三孔布的正、背两面，然后再将其黏合在一起，埋在地下，或者投入到茅厕坑中，让赝品迅速生锈。据说用这种方法生成的锈时间短，颜色好，但还是因为时间短，锈迹不能深入铜质的内部。

另有整体翻铸的，铸好后将钱用火烧烤，然后让其自然冷却，使表面呈现褐色，再用油脂涂抹，用布反复搓擦，使钱体表面光滑发亮，有传世品的包浆效果，几乎可以乱真。这种做法炮制出来的古钱币铜质太新，包浆显得生硬，如果是民国时期的老仿品，流传到现在，也有百年的历史了，从包浆上很难看出仿品的痕迹，所以还需要从字体、铜质上加以分辨。

现在仿制的三孔布或圆足布大部分采用整体翻铸的方法，已经极少采用古法仿制了。所以铜质粗糙，钱体比真品厚，上手时的感觉很坠手，翻铸后涂以颜色或伪锈，显得颜色艳丽而浮躁，附着不牢固。

尖足布和方足布的币身也很薄，多数铜质非常细腻，成分是铜65%，锡、铅30%左右。历经2000多年，铜质还极富韧性，甚至有的布币还可以在币身弯曲的情况下不会折断，实在感叹古人的高超技艺。尖足和方足布的另一大特点就是上面的文字多为记地名，品种很多。方足布多用陶范铸成，钱文由工匠在陶范上刻成，字体的笔画均为一刀而成，绝不接刀，起笔收笔处锋芒毕现，而且行文布局，虚实相倚，刀法娴熟，一气呵成，与后仿品的照本摹刻有一定的区别，完全可以用欣赏书法作品的眼光来审视其字体风格的真伪。

尖足布和方足布的长、宽，以及首部的宽窄都有一定的比例，看上去非常协调美观，厚度均匀，表面光洁，没有或很少有砂眼，边缘处在铸成后不加锉磨整饬，首部经常带有浇注时留下的铸口。

现在这两类布币的赝品，多数铸工粗糙，用铜多为黄铜，即使用古旧铜

钱或旧铜器翻铸，铜与铅、锡的比例也不相同，一方面露铜处的颜色不对，另一方面达不到真品铜质的强度和韧性。赝品容易折断，而且表面时常可见砂眼，手感厚重。最重要的就是现代人摹仿古人的笔迹不到位，文字显得笨拙，运笔拘谨，不流畅，缺乏古意。所以我们应从书法上观察，能明显感觉到摹仿的痕迹。

以上这几点对于战国时期的钱币鉴定而言，都是比较通用的，初学者只要多看实物，最好是将其真伪对照，细细对比，不难看出其中的差别。

进入鉴别领域的另一点就是多了解当时的历史文化背景，从其他的方面佐证所要鉴定的古钱，比如观察同时期的其他铜器，可以判断铜质以及锈色是否相同；观察同时代的青铜铸印或铜器铭文上的字体，可以判断钱币文字的风格。

秦汉时期的钱币鉴定

1. 秦“长安”和“半两”是如何鉴定的

秦长安环钱是秦始皇之弟长安君最先铸的，该币钱文篆书，币右“长”字，下为“安”字。钱圆孔方，没有内外廓，背平素。径 2. 1—2. 3 厘米，重 18—2. 1 克。

秦朝是我国历史上第一个专制主义中央集权的封建王朝。秦始皇于公元前 210 年颁布货币改革法案。法案规定黄金为上币，铜为下币，其他各物都不能为币。这不仅仅是秦代的货币政策，也是一种货币定型化的政令，开了货币立法的先河。秦始皇统一六国后，把秦原有的货币制度和政策推行到全国各地，同时废止原来六国的旧币。统一鼓铸半两钱。统一币制是秦王朝维护中央集权统治有力措施之一。由于秦朝仅仅 15 年即宣告结束，因而它的币制没能全面推行，但这已经对经济的发展起到了很大的促进作用。如政府专门铸币、确立铢两单位、货币定型等方

秦半两

针，一直影响到秦以后2000多年的各代王朝的币制。

秦半两径一般为3.2—3.4厘米，重8克左右；钱文突起而狭长，略具弧形；没有内外廓，背平素。也有重达10克、20克的半两钱。秦二世的半两钱比秦始皇时的半两钱轻小些，即八铢半两。

秦时范模单一，对钱币的铸造限制多，泥沙范一般只能使用一次，不能多次流通。所以秦半两几乎枚枚相异。伪品如采用真钱翻砂铸得，必然是同范品，如果发现是同版的半两币，必定是伪品。有的秦半两钱文高挺，“两”字上横和“半”字下横较短，“两”字中间“人”上部有较长竖笔。铸口留下短柄较宽。在鉴别秦半两时，多从形制特征上进行观察。例如，多数秦半两形制不规整，穿的大小不方正等，都应是留意的地方。

2. 怎样鉴定西汉“半两”“五铢”钱

汉高祖初得天下，承袭秦朝币制，继续用秦代货币半两钱。西汉铸行过四种半两钱，一是荚钱，最初定重为三铢，后来越铸越轻小，被后人称为“榆荚”。第二种是吕后时铸行的“八铢半两”，钱文“半两”，重如其文。第三种也是吕后时铸的“五分钱”，钱文半两，钱径5分，也就是汉朝的半寸，“五分钱”实为三铢重。第四种是文帝时铸的“四铢钱”，即“四铢半两”。

荚钱秦末已出现了，汉初时把重不超过三铢的小半两称为“荚钱”，荚钱大小轻重不一，有的径仅仅0.9厘米，重0.4克。

吕后时的“八铢半两钱”钱体较薄，钱径2.7—3厘米，重4.8—5.3克。而且钱文书体扁平面短，呈隶书化。

文帝五年时，因当时钱币重量轻的缘故，促使了四铢钱的诞生，其上文为“半两”。这就是四铢半两，该币的特征是钱径一般2.5—3厘米，重2.55—2.8克。背平素，极少有外廓，武帝时铸的四铢半两有外廓，背均平素；有的币边缘无周廓，“半”字上多一点，“半”字左下方边缘有一小突，右边“两”字没有上横。这时的半两钱钱文为小篆，但已具有汉隶气韵。

汉半两有铁钱，钱径2.3—2.5厘米，也分有廓方孔与无廓方孔两种。

武帝即位以后，废止了四铢半两而采用三铢钱。后又废三铢钱，复用四铢半两。这时的四铢半两钱有外廓，有的也无廓。三铢钱有外廓，或外廓不清晰。钱径大约是2.3厘米，穿径0.8厘米，重2.1克。朱头方折，背素。

汉孝武帝元狩五年废半两钱，行五铢钱，至昭、宣、元、成、哀、平各

帝都铸行五铢钱。西汉五铢钱钱径 2.5 厘米，标准重量 3.5 克；“五铢”二字在西汉经历了三个时期的变化，在早、中、晚时期呈现出不同的形态。一般来说，武帝时五铢钱“五”字交笔直或略曲，“金”与“朱”字等齐。昭帝、宣帝时五铢钱，“五”字交笔较弯曲，中间两笔和上下两画相接处略向内拢，“金”字头呈镞矢状，较小，“金”较“朱”字低些，字画清晰，铸造整齐，外廓比较宽，而且往往有其他记号，比如有的内部上面有一画，或下面有半星等。元、成、哀、平帝时的五铢钱，“五”字交笔弯曲的程度更深，且与上下两横的连接处呈垂直状态，“铢”字金头较小，看起来像一个等腰三角形，同时“金”字看起来比“朱”要低一些。西汉五铢钱面纹铸有穿上横廓、半星、四决文等，都是从汉武帝时开始兴起的。

五铢铁钱

西汉金五铢也是武帝时所铸。特征是五字中间两笔变曲，上下两横较长，朱字头上下均为方折，穿上有横廓。钱径 2.6 厘米，穿径 1.1 厘米，重 9 克。这是我国最早有一定规格、体形、计数使用的金铸币。

西汉小五铢钱，因为它的体形较小，所以又叫鹅眼钱。这种钱中较大型的钱径 1.2 厘米，重约 0.7 克；小型的钱径只有 1.15 厘米，重 0.62—0.65 克，这种币铸造整齐美观，文字明晰。

五铢铁钱，“五”字相交处呈直笔，近似对顶三角形，“铢”字金头较大，“朱”字较密，呈拥挤状态，字表较粗。无内外廓，背平，侧面呈弧形，形制和半两钱相近。铁钱比铜钱略厚些，重一般在 3.5 克左右。

五铢钱在历史上很长一段时间内都是中国疏通的主要货币，算是运用十分成功的货币。从汉武帝铸行五铢钱到唐武德年间废止共经历了 700 多个年头。

3. 王莽时期货币珍品的辨伪

春秋战国以后，秦始皇统一全国，将文字、度量衡、车轨、货币全部统一，从此结束了货币长期的混乱状态，使货币的多元化归于单一的、标准的制式。此举从社会经济发展的视角上看，无疑是一个革命性的货币制度的跨越，因为如此一来，货币的中央集权管理和社会流通环境都得到了改善，同时也促进了经济的发展。如果从现在的收藏视角来看，新莽政权的行为未免有点让后世的收藏者颇感遗憾，将此前丰富多彩的钱币都废除掉，从钱币学的角度来看，算是一种巨大损失。当然，作为收藏者的这种狭隘观点有些可笑。

秦汉时期，货币的品种相对单一，主要流通的是半两钱与汉武帝时期出现的五铢钱。形制标准是外圆内方，在细微处也存在着一些变化，这一时期钱币的发行量很大，导致现在的存世量也多，交易价格相对低廉，所以这种低价位的赝品一般不会给收藏者带来太大的经济损失，而我们更应看到的是，如果以这种赝品作为真品的标准器，那么对一般收藏者的危害就大了，因此，即使是花上几块钱买的一件普品，也要是真品。

西汉末年王莽篡位，将五铢钱废除，发行了一套被称为“六泉十布”的货币，这“六泉”是：

1. 小泉直一；　2. 幺泉一十；
3. 幼泉二十；　4. 中泉三十；
5. 状泉四十；　6. 大泉五十。

十布是：

1. 小布一百；　2. 幺布二百；
3. 幼布三百；　4. 序布四百；
5. 差布五百；　6. 中布六百；
7. 状布七百；　8. 第布八百；
9. 次布九百；　10. 大布黄千。

此外还有大面值货币：

1. 货布；　2. 契刀五百；
3. 一刀平五千；　4. 国宝金匮直万等。

王莽掌权时间只有十几年，却发行了这么多品种的货币，在这些钱币的品种中，货布、大布黄千、小泉直一、大泉五十的发行流通量较大，其他的

品种都非常少。品种多、数量少、价格高，这就是新莽时期钱币的收藏价值特点，也给造假牟利者创造了机会，因此，市场上的王莽钱假的特别多，初学者应特别注意。

王莽时铸钱用铜非常精细，所铸钱币历时2000年而不烂，掷地时声音清脆，有的锈迹因铜质紧密而只在表面有一层，极易剥离，铜锈下面常有银白色的水银沁。

这里要与读者讨论的是，新莽钱币不仅收藏与鉴赏高度统一，而且价格与品位高度统一。莽钱中文字最精美的当属“货布”“大布黄千”两种，艺术价值最高，然而，这两种货币的发行量又很大，存世量也大，这就造成了收藏交易价格的偏低。这里体现出交易价格与收藏价值的冲突，好的藏品不一定具有昂贵的价值，而藏品价格高又不一定因为最美。作为一个成熟的收藏者，一定要在这种冲突中明确自己的位置，要么以藏品的交易价格作为收藏标准，只收具有升值潜力的藏品，伺机而沽；要么以藏品的唯美价值作为标准，收藏美学内涵丰厚的，明确地选择其中的一种而不可兼得。

古代钱币本身，能真实地反映当时的工艺水平和皇权的审美取向。所以在鉴定古代器物时，应该将美学设为重点，对于一件器物，要用艺术的眼光去看待，赝品的弊病在于无视时代工艺特征与皇权的审美特征，而独立地模仿造型，为鉴定留下了可以寻找的线索。

4. 东汉五铢钱是如何鉴定的

在东汉的200多年间，货币经济经历了大起大伏衰退的现象。黄金的作用也更加减退。新莽币制的实行，带来了货币市场的混乱，打击了人民对货币的信心。人民宁愿信赖实物，将实物作为流通和支付的工具。刘秀兴复汉室以后，一反王莽的作风，厉行节约，所以明帝初年物价低廉。明帝末年又重蹈覆辙，出现货币状况混乱的局面，政治腐败和兵荒马乱等状况加剧了开支，促使物价飞涨。不过这个时候钱币已经深入民间，即使政府想要限制钱币，也不能废弃它，只能是控制。

东汉所铸的钱，都是五铢钱。这期间西汉五铢、王莽的货泉和大泉五十还在民间流通。建武十六年正式铸五铢钱。光武以后，铸钱的事在史书记载中很少见，也许因为钱币的形制都是五铢钱，在以后时期中没有什么变化，所以没有多少记载。东汉五铢钱的特征主要是“金”字头较西汉五铢大些，

“五”字交叉弯曲，“朱”字头圆折，中间直笔，两头较细。

建武五铢钱，钱径 2.5 厘米，重 3.4—3.5 克，外廓较窄。“五”字交笔变曲，“金”字头较西汉五铢为大，四点较长，“朱”字头圆折，中间直笔，两头较细。

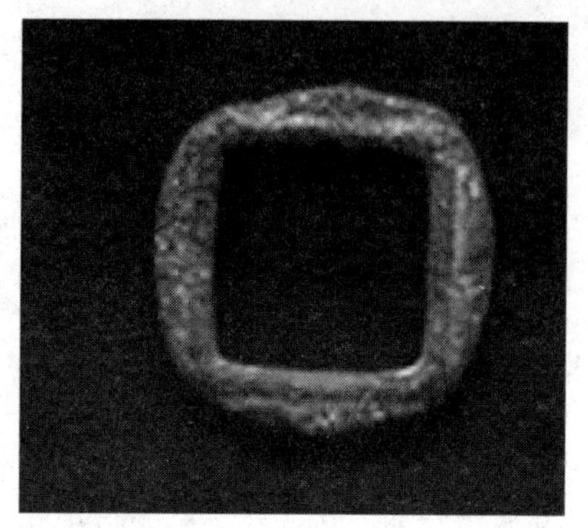
董卓无文钱

东汉晚期灵帝时所铸的钱币为四出五铢。其特征是：钱幕从穿的四角各模铸一道线直抵外廓，外廓较宽。钱径 2.5 厘米，重 3.3—3.5 克。但该币在铸造过程中相对草率，精美度不够。

东汉晚期五铢，周廓及钱文都比较浅，钱径 2.5 厘米，廓宽 0.08 厘米，穿宽 1 厘米左右，正面无廓，背有廓。钱文五铢“朱”字交笔弯曲，“朱”字头圆折。“剪轮”系用东汉晚期五铢钱冲凿而成，大型的直径为 1.8 厘米，小型的直径为 1.4 厘米。“綖环”大概是用东汉晚期五铢钱冲凿其外廓。钱文都存有“五”字的一半，“铢”字的“金”旁。五铢钱随着经济的发展也会发生变化。西汉中期因经济萧条而促使了磨廓五铢的出现，到了东汉后期大量出现的是剪凿铜钱。东汉五铢质量低，铸工粗。现在市面价格一般几元即可获得一枚。

更始五铢钱是更始二年铸行的。是绿林农民起义军在王莽政权末期开始铸的。钱文“五”字交笔弯曲，体较长，“朱”字头圆折，“金”头呈等腰三角形，较大，“金”字排列整齐。钱径 2.5 厘米，重 3.5 克。

董卓无文钱。汉献帝时，董卓将五铢钱销熔，从而铸造小钱。但仍然属于五铢钱，只是因其钱文字迹模糊，也被叫作“无文钱”。

汉朝的半两和五铢钱存世较多，一般就没有什么特别价值了。现在我们在市面上所见的伪品都是半两和五铢的特殊品，如“两两”“五五”等。伪造者用改刻等手段把半字铲去，改刻成两两，这样来取得高价。

 魏晋南北朝钱币的鉴定

1. 魏晋时期的货币鉴定

魏晋时期，因诸侯割据，战乱不断，百姓生活困难，加上战争和军费开

支，所以这一时期货币的特点就是质量差，面值大。比较典型的就是三国时期，蜀国和吴国所铸造的钱币。

蜀国货币仍沿用汉货币制度，用五铢钱，但其面值都很大，如“直百五铢”。开始时直百五铢还算厚重，由于四川少铜矿，加之连年战争使得经济恶化，钱币不断减重，到后来变得又薄又小，干脆连名称都简化成“直百”了。还有“太平百钱”和“定平一百”等几种，钱体本身又轻又薄，文字多数看不清。需引起我们注意的是，在蜀国货币中有不少是铁质的钱。

大平百钱

魏五铢钱与东汉五铢从外形上十分相像。魏五铢钱的特征是钱文相对较大，且书体上转折分明，有时伴随有星点划道和刻阴文。后来又铸有背具四出文的。

直百五铢。这是刘备时蜀国所铸。该币一般钱径 2.6—2.8 厘米，重 8—9.5 克。背上有模铸阳文“为”字。因此说这是益州犍为郡铸的。有的直百五铢背有阴文，有的没有文字。直百五铢背有四出文的，当是很稀罕的了。

蜀国后期，“五铢”二字便在铸币的过程中省略了，从而变成了直百钱，但钱相对杂乱，“直百”两个字有传形，横读，很有可能是在民间的时候被私铸的。钱径大的一般 1.6—1.9 厘米，重 1.3—1.5 克；小型的 1.3 厘米，重 0.5 克。

直百五铢一般几十元人民币一枚，如果背有“为”字的就上百元了。

大平百钱，蜀钱。其特征如下：钱面文有隶书和隶篆合书。钱文“大平百钱”四个字；“大”字与莽币大泉五十的“大”字类似；“平”字与莽钱一刀平五千的“平”字近似；“百”字和蜀汉直百五铢的“百”字相同，钱文字体公正齐整。背纹有水波纹、两星等。

蜀钱中还有一种是铅锡合金的钱。

蜀五铢钱从体形上看，相对较小，钱径大概 2.1 厘米，重约 2.5 克，钱面有内外廓，且文字笔画较粗重。蜀钱区别于其他朝代钱币的一个十分重要和鲜明的特点就在“金”字的写法上。“金”字的写法较其他朝代来说很

特殊。

大泉五百，吴钱。这是嘉禾五年铸的。钱文：大泉五百。钱径 3—3. 5 厘米，重6—6. 3 克。

大泉当千是铸于赤乌年间的吴钱，它们大小不等，相对大型的钱币在 3. 8 厘米左右，重约 14. 5 克；而小型钱币比大型钱币短 1. 3 厘米，重量仅重 3. 5 克。后来由于它携带不便，就停止再铸。

大泉二千，吴钱。史书对大泉二千几乎没有记载。大泉二千钱铜质，文字、气韵均与大泉五百、大泉当千相同。

大泉五千，吴钱。铜质、文字、气韵都和大泉五百、大泉当千相近似。“大泉”“千”字和大泉当千的这几个相同，“五”字又与大泉五百的“五”字相同。钱文篆书，背素。吴国铸的这些大钱都是用的红铜。

三国的钱币中直百五铢、大泉五百的价在几十元到百多元之间。大泉当千大型的、大泉二千一枚上千元；大泉当千小型的几十元一枚。大泉五千因极罕见而价达万元以上。合背的大泉五百价也是数百元一枚。

两晋时期，使用钱币与曹魏时类似，同时相似的还有以前的五铢钱、新莽大泉五十、货泉及吴蜀钱。这时布泉的地位已很重要。元帝过江，用的是孙吴大泉、新莽大泉五十、货泉、蜀汉的直百五铢、大平百钱和直百、定平一百，币制相当混乱。各地用谷制交易的很多。十六国铸钱也不多，前凉张轨铸五铢、凉造新泉，张骏铸太元货泉钱，张天锡铸太清丰乐钱，后赵石勒铸丰货钱，前秦苻坚铸货泉钱，文不成形。成汉李寿铸汉兴钱，夏赫连勃勃铸“大夏真兴”钱。

沈郎五铢，这是西晋时吴兴沈充铸的一种小五铢。沈充铸的小五铢与西汉的“荚钱”一样都非常轻便。李贺有诗：“花台欲暮春辞去，落花起作回风舞。榆荚相催不知数，沈郎青钱夹城路。”可见其钱的轻小。沈郎五铢钱从外部轮廓上来说相对模糊，而钱文多作“五朱”，也有“五金”之说，而且从颜色上看，多呈青白铜色。该币遗留后世较多，因而数元钱可获一枚。

前凉五铢，晋张轨铸。该币从铜质、形状、板式和铸造式艺均与凉造新泉相近。

凉造新泉。形如小五铢，钱径一般 2 厘米左右，穿孔 0.7 厘米，重 1. 5—2. 3克。面背肉，周廓，钱文“凉造新泉”四个字是用篆书体写成，直读，背素。凉字水旁不连写成六竖纹，“泉”字中间一竖笔不断。目前一枚凉

造新泉值2000元人民币以上。凉造新泉有一种独特的风格，这种独特性体现在其字体的瘦小端正上，当发现有异常清晰的该币钱文和直径偏大时，就应该辨别一下是否为伪品。

太清丰乐钱。“太清”为年号，“丰乐”为吉语。该币钱径2.1厘米，重3克。该币十分罕见，它的钱文是用近似玉箸篆体写成，且钱背模所铸四出文，“太清”二字是用上下左卧这样较为少见的形式写成的。

丰货钱，后赵铸。该钱径一般2.4厘米，重2.1—2.75克。钱文丰货，横读，有篆书、隶书两种，篆书丰货钱有外廓。现在一枚丰货钱值人民币200元。

汉兴钱，李寿铸。钱径一般约1.7厘米，重0.7—1.1克。该钱中的钱文有篆书的，但横读的不多。目前一枚该币值几十元至数百元不等。

大夏真兴钱。属平钱，广穿重好。钱径一般2.35厘米，穿0.8厘米，重3.03克。传世的太夏真兴只有2枚。所以市场上的伪品很多，物以稀为贵，所以现在一枚太夏真兴值数千元。如发现有币与钱谱不符，需认真鉴别。

2. 南北朝钱币如何鉴定

东晋灭后，南方经历了宋齐梁陈四个朝代，史称南朝。南朝宋齐梁陈都曾铸钱。南朝皆因朝代更迭，历史上多发混乱，所以货币发展史上呈现出混乱、衰退的状态。

四铢钱，宋铸。该钱径2.15厘米，重2.6克，穿径1厘米。钱文隶兼篆意，钱文“四铢”，横读。该币轮廓形制与五铢同。现在一枚四铢钱值近百元，在北京则达200元左右。宋孝建年间铸孝建四铢钱，面文“孝建”，背文“四铢”，横读。后来又去掉了背文“四铢”，只留下面文。孝建四铢价值现也在200元左右。孝建钱品类繁多，大小不等。我们应该注意，钱文“孝建”用柳叶篆体写成，背文“四铢”是隶兼篆意，为横读，明确了这些特征，就很容易辨别真伪。

永光钱，宋铸。二铢钱，钱径1.6厘米，重1.05克。钱文“永光”，篆书，横读。价现达600元左右。

景和钱，宋景和年间铸。钱径1.6厘米，重1.3克。钱文小篆，“景”字在右，“和”字在左。景和钱的文字轮廓，远远超过永光钱，景和钱现值4000元一枚。

梁五铢钱币

永光、景和钱极为少见，出土的这两种钱破损也严重。伪造者就常常用六朝五铢改刻，伪品与真品之间有着很大的不同，尤其体现在文字和形制上。

梁五铢，梁武帝铸。钱径 2.4 厘米，重 3.4 克。钱面有内廓，“朱”头方折，钱文玉箸篆，制作很精美。该钱有铁钱，铁五铢有大小型的分类，价值十几元一枚。大型的钱径一般为 2.1—2.6 厘米，小型钱径 1.9 厘米。背上都有四出纹。

两柱、四柱钱。梁元帝所铸两柱钱。钱径 2.3 厘米左右，重 2.2 克，面穿上下各铸一笪点，称两柱。梁敬帝铸四柱钱。钱径 2.3 厘米，重 2.5 克。钱文五铢，面无内廓。面穿上下各铸二星，或者四星并排在穿上，称四柱。梁钱的颜色呈暗铜色，而且体表较小。这两种钱，一枚的价钱一般在十几元至几十元，相对便宜。

陈五铢，陈文帝铸。梁丧乱，陈取而代之。陈改铸五铢钱。陈五铢钱径 2.35 厘米，重 3.35 克。“朱”字头方折，“五”字像两个等腰三角形，尖尖相对。

太货六铢，陈太建年间铸。钱文为“太货六铢”，钱径 2.5 厘米，重 3 克。钱文玉箸篆。背素。

陈五铢和太货六铢值几十元一枚。

与南朝同时期，在我国北方经历了魏齐周三个朝代，史称北朝。

北魏、北齐、北周均铸钱。在北魏孝文帝以前，实物交换进行交易十分普遍，当时钱还没有派上用场。孝文帝时铸“太和五铢”，后铸永平五铢、永安五铢。北魏分为东、西魏后，西魏铸有大统五铢，而东魏则币值混乱。北齐铸有常平五铢等，北周铸有布泉、五行大布、永通万国等币。

太和五铢，铸于北魏太和年间。当时民间也铸太和五铢。今天所见太和钱，大小不等。一般情况下，钱径为 2.5 厘米左右，重 3.4 克；小型的钱径只有 2 厘米，重 2.6 克。钱文是隶书兼篆书共用。现在一枚太和五铢价值都在百元以上，因而伪品也多。太和五铢一般生坑品比较多，而伪币大多数都作熟坑，由于人为地使该币旧熟，必然把字口轮廓磨塌下去，这种人为造就

的形为促使文字失去其品格与精神。

永平五铢，是北魏宣武帝所铸。钱径2.2—2.3厘米，重2.3—3克。钱文和外部轮廓与太和五铢、永安五铢这两种钱币较为相似。“五”字交笔直，“朱”字头圆折或方折。永平五铢很便宜，值1元左右。

永安五铢。北魏铸。永安五铢大小不等。钱径一般2.2—2.3厘米，重2.9—3克。小型的钱径1.8厘米，重2克。钱文书体近玉箸篆。永安五铢通常有三种，第一种是较为常见、价格便宜的背平素钱币，值10元钱左右。第二种永安五铢，背穿上有“土”字，钱径1.92厘米到2.6厘米不等。第三种是阔边的，有四出纹的，这就要值数百元了。

西魏永安五铢。钱径一般2.2—2.3厘米，重2.8—3克。钱面有外廓，无内廓，钱文“五铢”“朱”字头方折，“五”字交笔直，书法与永安五铢近似。

隋唐五代十国的钱币鉴定

1. 隋五铢如何鉴定

隋朝统一全国以后，整顿币制，铸行符合标准的五铢钱，史称“开皇五铢”，又叫“置样五铢”。整顿中下令各关置百钱为样，符合标准的钱才准携带入关。有些钱呈白色，又称“白钱”。隋炀帝错误的通货膨胀政策弄得财政枯竭，只好又铸行恶钱，最终导致币制混乱，直到隋亡。

隋五铢钱，边廓较阔，“五”字交叉两笔较直，近穿处有一竖画，标准隋五铢一般钱径2.5厘米，重3.4克；小型隋五铢钱径2.3厘米，重2.25克。隋五铢大多质地精良，制作合规平整，外廓宽齐且平整。有的“铢”字“金”首三角内斜，“朱”首方折，有大小两种。

开皇五铢，隋文帝开皇元年铸造。钱径一般为2.3厘米，廓宽0.2厘米，穿径0.8厘米。肉、穿多为周廓，面有周廓，无穿廓，穿有竖画，与“五”字右部相连。“五”字交笔较曲，笔画较细。开皇五铢平均每枚重量为2.42克左右。

方圆四铢钱兼顾方、圆两种形态是以其形定名的。由于名目繁多，于是都叫作“方圆四铢”。钱文记重量为“四铢”，或将地名与重量兼记，如“宜阳四铢”“临菑四铢”。有的钱文将地名与重量四字记于同一面，也有面记重量，背记地名。除少数圆钱为阳文外，外方内圆者均为阴文。已发现所记地名有十余种，如汉阳、陈、丞相、罗平、吕、东际、姑幕、定襄、高柳、菑、淳于、阳丘等。根据不同地名的特征，各地的钱币也呈现出不同的特征，或大或小，或厚或薄，或方或圆，都有所不同，但其重量都为2.5克左右。

2. 唐开元通宝、乾封泉宝如何鉴定

唐高祖李渊武德四年废弃五铢钱，进而铸造“开元通宝”钱。钱文“开元”为开新朝之元、新币之元之意，“通宝”为通行宝货之意。法定钱径为11分，重二铢四参（音垒），十钱为一两。实际测得开元通宝初期钱径为2.4—2.5厘米，重3.8—4.2克。德宗以后铸钱手段粗浅简陋，钱小体轻，钱径约2.3厘米，重3.3克左右。钱文由给事中欧阳询书写，文字架构为隶体兼篆体，章法精美。初铸钱内外廓精整峻深，“元”字第二笔向上作左挑，背多平坦光洁。玄宗后，钱略偏小，面文四字稍欠匀称，“元”字出现右挑、双挑现象，钱背时见各类月纹、星号，位置变化很多。

乾封泉宝

乾封泉宝钱铸于唐高宗李治乾封元年，与开元钱并行使用。钱体大小与开元钱相类似，有的略大一些，一般径约2.5厘米，重3.3—3.5克。制作上，乾封泉宝很工整，边廓完好，钱文四字旋读，“乾”字右笔直上，呈鱼钩状，被称为“鱼钩乾”。因铸行短暂，故传世不多，今常见的多为赝品。

知识链接

会昌开元的鉴定

会昌五年（845年）唐武宗李炎，将各地铜佛钟磬等废弃而铸造成钱，淮南节度使李绅在扬州将“昌”字加铸于开元钱背以记年号。各州的钱炉

也都在钱的背面铸以州名，这类在开元通宝钱上加铸背文的钱币被通称为“会昌开元”。背文在穿孔上下位置不定，穿上者为多，但也有一个字或出现穿上，或出现在穿侧的现象。在制作上会昌开元大多不精，铜色暗红，因铸地广，数量多，在各处都有流传。会昌开元一般径约2.3厘米，重3.2—3.5克。现在已经发现的背文共计大约有23种之多，计为：京、昌、洛、益、蓝、襄、荆、越、宣、洪、潭、兖、润、鄂、平、梓、兴、梁、广、福、桂、丹、永。平、桂、丹、福为其中十分少见的，永字更是世上罕见。如果想将23种全都收齐，的确非常困难。

3. 五代十国时期铁钱的鉴定

唐代末年，藩镇割据，战乱不断，90多年间竟然换了11位皇帝。随后便进入五代十国时期。这时期的政权交替快，所铸造的货币种类繁多，但是铸造流通的数量都不大，现在能够见到的自然是少之又少。这一时期是中国历史上铸造铁钱较多的时期，铁钱币中的孤品、珍品种类也比较多。正是因为这些存世的古钱稀少，所以市场上经常会见到仿制低劣的伪钱充斥，比如五代时期的“天策府宝”铁钱，这种铁钱相对比较容易伪造，因为铁本身就容易被氧化，翻铸后埋在土中一段时间，表面会被侵蚀出斑斑驳驳的锈迹，粗看上去有些陈旧感，容易与真品混淆。只有见过真品“天策府宝”钱，才能在对比中感觉到真品整体浑厚古朴，字体端庄饱满，笔画粗壮有力，笔画之间的留白面积小，边廓宽厚，字面等凸出部位的磨损和侵蚀得自然，而且包浆厚实润泽，地张上的深褐色氧化层附着牢固，并且颜色纯正。穿口内侧的合范痕迹和流铜痕迹明显。

对于铁钱的鉴定主要是对其氧化附着程度的鉴别，特别是字口内和穿口内侧，这些细小地方的附着要自然。而赝品的整体风格显得轻薄，外郭也较窄，没有厚实感。特别是字体，笔画纤细，间隙过大，显得不庄重，五代时期的风格不明显。

从材质的氧化层附着状况来说，五代时期距今已有1000多年，铁质钱币在北方较干旱地区还勉强得以保存，若在南方湿度较大地区很难保存到现代，可想而知铁钱是极易被氧化腐蚀的。

五代十国钱币的特点是大钱多、铁钱多，所以只有对这一时期铁钱的风格了如指掌，才能在收藏中不会上当。五代十国有不少品种属于珍稀古钱，比如“永安一千”“开元通宝”“乾封泉宝”“货布”都是这一时期的珍稀钱币。初学者若在市场中见到，不要轻易相信，要多查阅资料，多了解每一枚古钱的背景知识，可以帮助判断真伪。

两宋时期的钱币鉴定

1. 乾道元宝、乾道通宝、庆元通宝如何鉴定

乾道元宝铸造于宋孝宗乾道年间（1165—1173年）。钱面文字以真书与篆书两体书写，从上而右而下而左旋读。铜钱只发现有折二对钱。钱背光而无文以及有星月纹的居多，而背文为“正”字的却很少见。乾道元宝还有铁钱，其钱面文以真、隶、篆三种书体书写。钱背而无文，背铸月纹、铸“邛”“松”“同”“春”“裕”“丰”“广”等字的多达30余种之多。再后来，从江苏高邮出土的“鱼钩乾”的“乾道元宝”是最新的发现，其中所有的小平、折二两种最是珍稀之物。

乾道通宝铸于宋孝宗乾道年间（1165—1173年）。折五铜钱钱面文字以楷书书写，从上而右而下而左旋读，流传世上极少，可谓传世罕品。江苏高邮近年出土有折二铁钱，以篆书书写面文，从上而右而下而左旋读。其钱钱径为2.7厘米，重6.8克左右。钱背穿孔上方铸有篆书书写的“安”字，也是世上罕见的珍品。

乾道元宝

庆元通宝铸造于宋宁宗赵扩庆元年间（1195—1200年）。钱面文字以楷书书写，自此钱文由多种书体复归到一种书体，这种端庄的楷书也就是后世所称的“宋体字”。其钱有小平、

折二、折三记年钱多种，记年上小平与折二从“元”至“六”，而折三从“四”至“六”。庆元通宝铁钱品种多于铜钱，小平、折二、折三钱记年都要记监，记年从“元”直至“七”，各种钱的形制整肃，文字秀美。

2. 嘉定通宝、宝庆元宝、大宋元宝如何鉴定

嘉定通宝铸造于宋宁宗嘉定年间（1208—1224 年）。钱面文字以楷书书写，大多面文为从上而下而右而左直读。嘉定通宝有小平、折二以及折五大钱，钱背文字记年自“元”至“十六”，也有一些钱背光而无文。南宋钱中以此钱肉薄字浅最为突出。铁钱与铜钱在形制上相同。其铁钱面文以楷书书写，其写法多变。面文有自上而下而右而左的直读，也有自上而右而下而左的旋读，其钱以折二钱为主，大小不一。钱背文记年，记年从“元”至“十七”，并记监。这种钱还有光背无文以及背文有“用五”“行五”折五钱等各式版式近百多种，是南宋钱里数量最丰富的。

宝庆元宝铸造于宋理宗赵昀宝庆年间（1225—1227 年），此钱为铁钱。钱面文字以楷书书写，自上而右而下而左旋读。宝庆元宝有小平、折三两种钱。1985 年在江苏高邮出土少许，从出土钱上可见小平钱背文为“汉一”，折三钱背文有“定三”“惠三”“惠正三”等，这些钱都是世上流传较少的罕见之品。需引起注意的是世上流传的大铜钱多为后人伪造。

大宋元宝铸造于宋理宗宝庆年间（1225—1227 年），是一种非年号的钱。钱面文字以楷书书写，从上而右而下而左旋读。大宋元宝有小平，折二两种钱。钱的背文有光而无文的，也有记年的，记年从“元”至“三”。大宋元宝钱的铁钱有小平与折三两种，小平钱背文有记地记年记监，如“仪”“定”“新元”等；折三的背文为“定三”“西三”“泉三”等，与铜钱相比其品种更多。国应运元年，应运元宝的面文以隶书书写，字形质朴，字从上而右而下而左旋读。其钱为小平钱，铜色青白，钱背上隐约有朵星纹。其钱行于四川一带，因李顺称王五个月就战败身亡，此钱流传于世少之又少，极为珍贵。

3. 辽国天显、清宁、咸雍、大康四种通宝如何鉴定

天显通宝铸于辽太宗耶律德光天显年间（927—936 年）。钱径 2. 4 厘米，重约 2. 7 克。“天显通宝”四字以隶书书写，从上而右而下而左旋读，钱背光

而无文，其钱的文字自然，古朴可爱，制作工整。流传于世仅一二品而下落不明。清末传于世上有一种仿制品，钱体较厚，文字呆板，无锈或锈色浮泛，鉴别时应多加注意。

清宁通宝铸于辽道宗耶律洪基清宁年间（1055—1064 年）。钱径2. 2—2. 4 厘米，重 2. 7—3. 4 克。钱文“清宁通宝”以楷书书写，“宝”字还保留有隶书的韵味，文字从上而右而下而左旋读，钱背光而无文。清宁通宝钱有大样小样之分，大样笔画质朴，小样字字清奇，“通”字“角”头，为“丫”，制作亦较粗疏，据推测可能为清宁后期所出。清宁通宝钱传世较多，历年都有出土，为“道宗五泉”之班首。世上流传的一枚当十“清宁元宝”大钱，其钱文壮美而具有魏风，但真伪还有待考证。另外有一种“清宁二年”大钱，其钱的文字环书，从上而右而下而左旋读，只有孤品。

咸雍通宝铸于辽道宗耶律洪基咸雍年间（1065—1074 年）。钱径2. 4—2. 7 厘米，重 2. 7—3. 6 克。钱文“咸雍通宝”四字从上而右而下而左旋读，文字布局匀称，楷书中蕴藏着隶书韵味。钱币制作浑朴，铜质红软。钱体有大小的区别，钱背光而无文。咸雍通宝在辽钱中流传于世最多，不难得到。

大康通宝铸于辽道宗耶律洪基大康年间（1075—1084 年）。钱径2. 3—2. 4 厘米，重 2. 7—3. 5 克，版式变化很多，但从制作与文字看，通宝钱都比元宝钱工整匀称，少数钱可称得上珍品。“大康通宝”面文四字，以楷书书写，但却留有隶书的韵味，文字从上而右而下而左旋读，钱背光而无文。大康通宝传于世上甚多，辽故地也每年有出土。在吉林辽墓，1972 年出土“大康六年”（1080 年）瘗（“义”）钱一品，制作精美，很是珍奇。

4. 西夏四种元宝如何鉴定

天盛元宝铸于西夏仁宗赵仁孝天盛年间（1149—1170 年）。钱径 2. 4 厘米，重 3. 7 克左右。天盛元宝为汉文平钱，钱文“天盛元宝”四字以楷书书写，十分秀丽，其字从上而右而下而左旋读，钱背光而无文。天盛二十年间是西夏经济、文化鼎盛时期，因此在西夏诸钱中，天盛元宝可称得上是铸量最丰富、制作最工整、文字最秀丽的一种，其钱传于世上的数量大多亚于北宋诸钱。由于西夏地域缺铜而多铁，天盛铁钱很多都流传于世。在内蒙古包头，1982 年出土一批西夏铁钱，首次发现有形体略小，钱背穿孔上方铸有“西”字的天盛元宝，是历代钱谱所缺乏的。

乾祐元宝铸造于西夏仁宗赵仁孝乾祐年间（1171—1193 年），其钱为汉文平钱。钱径 2.4 厘米，重 3.8 克左右。钱面文字“乾祐元宝”四字以楷书行书两种书体分别书写，两种体的文字都从上而右而下而左旋读。其形制、大小都相同，可看作西夏对钱。钱背都光而无文。制作精良，且品相好，遗憾的是数量少，尤其是以行书制作的乾佑天宝更少见。另外有乾祐元宝铁钱，其形态、文字都像楷书铜钱，制作也很好。其铸造的数量远在铜钱之上，宁夏、内蒙等西夏故地，乾祐铁钱出土动辄以万计算，在西夏钱中数量仅次于天盛元宝钱。

皇建元宝铸于西夏襄宗赵安金的皇建年间（1201—1211 年）。其钱为汉文平钱，钱径 2.4 厘米，重 3.6 克左右。钱面文字“皇建元宝”四字以楷书书写，从上而右而下而左旋读，书体端庄秀丽。钱背光而无文。制作精湛，边廓峻深，铜色纯赤。皇建元宝制作精美，数量丰富，为广大集币者所喜爱的。

光定元宝铸造于西夏神宗赵遵顼的光定年间（1211—1222 年），其钱为汉文平钱。钱径 2.4 厘米，重 3.6 克左右。钱文“光定元宝”四字以楷书书写，微含行书韵味，俊逸潇洒。制作精湛，铜赤而纯，边廓峻深而优美，可与平钱的佼佼者大定通美媲美。历代泉谱记此钱只楷书钱一种，在宁夏很少，1984 年出土一枚篆书光定元宝，的确为钱币史上新发现。篆书光定元宝在形制大小等方面与楷书钱相类似，但钱面文字为娴熟的玉筋篆文，只有“宝”字已隶书化。篆书楷书两体钱完全匹配，完全可看作对钱，同乾祐元宝对钱相为呼应。光定元宝精美对钱的出现，在宣告西夏灭亡的同时也标志着西夏铸钱工艺已达高峰，成为西夏最后一代钱币。

5. 金国大定通宝、正隆元宝、泰和重宝如何鉴定

北宋末年女真人建立的金朝，在币制上受南宋的影响，早期曾使用辽宋旧钱。贞元二年（1154 年）后，即发交钞。正隆二年（1157 年）正式铸造铜钱“正隆元宝”以及后来的“大定通宝”等铜钱。金人铸币都用汉文，铸造水平也很高。

大定通宝铸于金世宗完颜雍大定十八年至二十九年（1178—1189 年），有小平钱，折二阔缘钱。小平钱钱径 2.5 厘米，重 3.5 克；折二阔缘钱钱径约 3 厘米，重 9 克左右。大定通宝钱钱文以楷书书写，含瘦金体，俊逸秀美。

金国大定通宝

其钱制作精湛，内外廓整肃端庄，是我国古钱佳品中的佼佼者。“大定通宝”四字从上而下而右而左直读。钱背有光而无文的，也有穿孔于上方铸有“申”或“酉”字，以及有星月纹等的数种。“申”“酉”有解释为地支纪年的，也有按阴阳五行学说解释“申”“酉”为金以昭示金国的。流传于世上的大定通宝以背文有“酉”字的钱最为佳美。大定通宝铜色泛白，传说含有少量白银，特别的折二钱含银分量更多。旧时泉家因此而有将大定通宝归于银币的说法。世上流传的合背钱、铁钱都是安南所铸劣质薄小钱。旧谱记录的几种折三以上的大钱，实际是后人伪作。

正隆元宝铸于金海陵王完颜亮正隆二年（1157 年），是金建国后的第一钱。钱径 2.5 厘米，重 3.4 克左右。正隆元宝与沿用的辽、宋钱同时并行使用。正隆元宝仿北宋大观平钱制作，质地精良。钱文“正隆元宝”四字以楷书书写，俊秀端庄。钱背光而无文，钱的边廓整肃。1983 年，湖南麻阳出土正隆元宝大钱数枚，钱径 2.9 厘米，重 4.5 克，肉薄背平，相当于北宋折二钱。黑龙江曾出土一枚“正隆通宝”，至今未能确认。安南铸造有薄小异体钱、合背钱。

泰和重宝铸造于金章宗完颜璟泰和四年（1204 年），其钱为当十大钱。泰和重宝有大小样及阔缘窄缘等版式多种，钱径 4.5—5.2 厘米，重 16—20 克。钱面文字“泰和重宝”四字为玉筋篆，由文学、书法大家党怀英书写，其字从上而下而右而左直读，字体秀美典雅，甚为美观。钱背光而无文。泰和重宝制作精美，神态浑厚，铜质优良。篆书泰和重宝流传于世甚为丰富，但因重宝属于大美泉，仍然深得藏家的喜爱。泰和重宝有合背钱，另外还有厌胜钱。流传于世的有许多赝品，应多加注意分辨。

元明清时期的钱币鉴别案例

1. 元代的至大、大元、至正通宝与延祐元宝如何鉴定

元代统治时期主要流通纸币，前期曾禁止使用铜币。武宗至大二年以后，恢复古钱的使用，并开始铸汉文和蒙文的“大元通宝”当十大钱。顺帝至正年间，又铸造发行过纪值、纪年、权钞几种铜钱。但总体来说，元代铜钱的种类和数量都比其他朝代少，传世的小钱，大多属庙宇钱。

至大通宝铸于元武宗至大三年至四年（1310—1311 年）。至大通宝是元代历史上发行量最大、文字最工整的一种，为汉文平钱。钱径 2.3—2.4 厘米，重 2.8—4 克。钱面文字“至大通宝”为楷体，从上而下而右而左直读。其字圆融天成有金大定钱的风格。钱背光而无文。钱体边廓峻深，铜质红褐。世上还流通一种直径 2.1 厘米，肉质较厚，数量丰富的小样钱。至大通宝一文大致约等于大银钞一厘，同纸币并行使用，千文值银钞一两，旧谱中记录有一种窄缘折二钱，现今已很少见。

大元通宝铸于元武宗至大三年至四年（1310—1311 年）。其钱为当十蒙文大钱，一当至大通宝十，与银钞等一并使用。“大元通宝”为背光无文钱，直径约 4 厘米，重达 19 克，该四字读法是上下左右。大元通宝是元代大钱中造得最多最好的一种。大元通宝的制作工艺精美，边廓规整、铜色赤褐。旧谱中记载过一种如今难觅的汉文小平钱“大元通宝”。另有一品背刻四个异文的“大元通宝”，是用大观通宝加工的赝品。另外有“大元元宝”　“大元至治”等供养钱。

延祐元宝

延祐元宝铸于元仁宗延祐年间（1314—1320 年），所铸铜钱为汉文小钱。其钱直径为 1.2—2.6 厘米，重1.5—3.6克。该钱背光无文，钱文“延祐元宝”读法为四字为从上而下自右而左，四字为不规则楷书。延祐元宝有大小钱数种，制作低劣，文字拙劣。形制的杂乱不仅是在元代铸钱史中，就是在

历代铸币史上也属少见的。延祐元宝大多是寺庙所造的供养钱，虽然价值较高，但艺术价值很低，存世很少。至正通宝铸于元惠宗（顺帝）至正年间(1341—1368 年)。至正通宝不仅制作工艺精美、种类多样，而且有以下较为突出的特点：一是面文四字“至正通宝”为秀丽的汉字，读法为从上而下而右而左；二是钱背穿孔上为蒙文的记年或记数；三是钱背穿孔下有无记数汉字。至正通宝分为三大类。第一类地支记年钱：穿孔下方没有汉字，穿孔上方分别是蒙文寅、卯、辰、巳、午五个地支记年字，所记为至正十年至十四年（1350—1354 年），每一记年都铸有小平、折二、折三等，俗称“五年三等十五品。”这十五品钱字迹深厚、轮廓细致，制作上等，钱径 2. 5—3. 4 厘米，重 3. 6—16 克，是元代铸币中最精良的。第二类蒙汉记值钱：穿孔下方有记数汉字，穿孔上方为蒙文计数，二者相同，其数与穿孔上方的蒙文相同，分折二、折三、折五等，应该有 14 种之多，再加上穿孔下方汉文“壹两重”一种计五品（另有释读为“亥五”“戊十”两品，再考）。第三类蒙文记值钱：穿孔上方记值为折三、折五、当十计三品。后面两种表制及铸造都不如记年钱精美，大小轻重略有一些不同，但在元代钱币中仍然称得上佳品。“壹两重”大钱是至正通宝中最重大的，直径约 4. 9 厘米，重达 42 克。元代铸币最高峰的来临是以至正通宝套钱的大批量涌现为标志。

2. 明宗以前的几种通宝如何鉴定

武通宝铸于明太祖朱元璋洪武年间（1368—1398 年）。钱面文字“洪武通宝”读法为自上而下而右而左直读，字体为楷体。形制同大中钱，计分小平、折二、折三、折五、当十五等，各钱字体、笔画都不尽相同，有细微变化，但都比大中钱有规律。洪武通宝分两种：一种是钱背有字，记值、记重、记地、记值兼记地；第二种是光背无文。记值的有一、二、三、四、五；记重的有一钱、二钱、三钱、五钱、一两；记地的有京、北平、浙、豫、济、鄂、桂、福、广等九局；记地兼记值的有桂一、桂二、广二、二福、桂三、三福、桂五、干五、五福、京十、北平十、广十、鄂十、济十、桂十、十豫、十福、十浙等。同等钱大小轻重都不尽相同。小平钱钱径约 2. 4 厘米，重 2. 6—3. 5 克；当十大钱直径 4. 5 厘米左右，重约 30 克。洪武通宝中当十大钱存于世上的数量较多，而最常见的当属光背平钱和各州记重钱，其他各类钱较少流传于世。世上常见的各种背文改刻、铲刮的“异品”，是作伪的人所做

的赝品，此种情况在鉴别时最应加以重视。另外有日本加治末地方所铸的记地洪武平钱三种，其中以背面有文字“治”的最为常见。

明成祖朱棣永乐年间所铸永乐通宝重约 4 克，直径约为 2.5 厘米。钱面文字“永乐通宝”四字以楷书篆刻，从上而下而右而左直读，其文字笔画隽逸。钱背光而无文。钱体大小稍有变异。流传在世的永乐通宝只见小平钱，制作优良，外形圆润美观。永乐通宝传世较多，流布很广，后来在我国东沙、西沙群岛都有成批出土。另外还有广穿及银制大小样钱，其中可能有些为日本所铸造，这些钱都很少见。折三黄铜大钱直径约 3.4 厘米，字迹清晰，外观古雅，是极为珍贵的古物，流传于世的只有缺角的孤品。除此之外，还有日本铸的永乐通宝小平铜钱。

明宣宗朱瞻基宣德年间铸宣德通宝，该钱大小不一，直径一般在 2.4—2.5厘米，重 3 克，流传至今的只有平钱。钱面文字为楷体“宣德通宝”四字，从上而下而右而左直读，钱背光而无文。钱的制作粗劣，因夹有铅锡，常见铜币铜色黯淡，是明代钱币中品相较差的。宣德通宝流传于世的数量较多，但近些年已不多见。

弘治通宝铸于明孝宗朱佑樘弘治年间（1488—1505 年）。现今流存于世上的最常见的为小平钱。钱径 2.4—2.6 厘米，重 3—4 克。钱面文字“弘治通宝”四字以楷书书写，从上而下而右而左直读，钱背光而无文。弘治通宝在制作上略显粗劣，大小不均。因含锡量较高，铜色灰暗，还有少许呈现出紫褐色。现代钱币家郑安相曾获得弘治当十大钱一品，明风灿然，最为罕见珍贵。

知识链接

嘉靖通宝的鉴别之法

嘉靖通宝铸于明世宗朱厚熜（音“聪”）嘉靖年间（1522—1566 年）。该钱的制作工艺是仿照洪武钱进行的，分小平、折二、折三、折五、当十五等种类，钱的背文只见记重的一种，但却数量很少，不常见。流传于世

的多为光背平钱。嘉靖通宝钱在制作上混杂，材质使用上也很杂乱，青铜、黄铜都有，更有夹带铝锡的。钱面文字“嘉靖通宝”四字，以楷书书写，从上而下而右而左直读，“靖”字可见左旁“钭立”者。流传于世上的有所谓“金背”（精制窄缘光背）、“镟边”（阔缘）、“火漆”（劣质黑钱）等数种，而私铸的恶钱数种更甚。嘉靖通宝每等钱大小不一，重量也各不相同。一般平钱径约 2.5 厘米，重 3—4.5 克，当十大钱径约 4.5 厘米、重 24 克以下。嘉靖通宝另外有合背钱。

隆庆通宝铸于明穆宗朱载堂隆庆年间（1567—1572 年）。只有小平一种至今还流传于世。钱面文字“隆庆通宝”四字，以楷书书写，笔法匀称，其字从上而下而右而左直读，钱背光素净而无文。钱径约 2.5 厘米，重 4 克左右。流传于世的隆庆钱还很丰富，却不易多得。此种钱制作工艺精细，边廓整齐，黄铜质地。

万历通宝铸于明神宗朱翊（音“义”）钧万历年间（1573—1620 年）。钱面文字“万历通宝”四字，以楷书书写，从上而下而左而右直读，有少数跂“历”（左撇直下如“厂”）钱。钱径 2.4 厘米，重 3.4—4 克。钱背分三个种类：一为光背无文；二为钱背含星月纹；三为钱背有文的，而文字多为“工、天、公、正”等字。万历通宝流传于世的多为平钱，也有少数折二光背钱。在制作上，万历通宝制作水平不一，文字有肥瘦之分，铜质赤、青、白都有。钱体大小不一，版式花样繁多。万历通宝分有两种，一种是合背钱，一种是合号钱，这种合号钱的特征为钱面文“万历”，钱背有“通宝”。流传于世上的还有背文为“矿银”的银质钱，但并不常见。后来，洛阳明墓曾出土薄小银质冥钱一枚，字形浅陋。另外还有铁钱。

3. 清前期的顺治、康熙、雍正、乾隆四种通宝如何鉴定

顺治通宝铸于清世祖爱新觉罗福临入关主国的顺治年间（1644—1661 年）。法定成色应为铜七，铝锡三，千文一吊，值银一两。各省的铸造工艺和手段大不相同，并且存在私自铸造的现象。顺治通宝钱面文，上刻楷书，字

迹工整，从上而下而右而左直读。按照钱的背文区别划分为五种样式，也就是久享盛名的“顺治五式”钱。第一式：仿古钱。钱径约 2.4 厘米，重 3.8 克左右，钱背光而无文。第二式：汉字钱。该钱仿照唐代会昌开元制造而成，钱背铸造有各地局名一字，位置或在穿孔左边，或在穿孔右边，其字共 22 个（户、工、临、宁、原、宣、同、江、西、阳、前、延、襄、东、河、蓟、广、昌、浙、陕、福、云）。钱径 2.5—2.6 厘米，重 3.8—4.5克。第三式：一厘钱。顺治十年至十七年（1653—1660 年）所铸权银钱，“一厘”在穿孔左边表示每钱折钱一厘行用。铸的局名一般在穿孔的右边，总共 17 个字，比第二式汉字钱少了延、西、前、襄、云五局。钱径 2.6 厘米，重 4 克左右。第四式：满文钱。钱背铸有两个新满文，穿孔左边为“宝”，穿孔右边为“泉”或者“源”，为户、工两部所造。钱径 2.7 厘米，重 4.4 克左右。第五式：满汉文钱。钱背穿孔左边是所铸的局名，用满文写成，穿孔右边也是各铸局名，但是用汉字写成，共有：临、宁、原、宣、同、江、东、前、蓟、昌、浙、陕等十二局。钱径约 2.8 厘米，重 4—5 克。顺治五式钱中以第五式满汉文钱的制作最好，存世较多。另外还有合背钱以及记重记值的当十大钱，但这些流传较少，极不常见。顺治五式钱为清代货币的形制奠定了基础，为以后各朝大多沿袭顺治的钱制和铸行提供了参考，影响深远。

顺治通宝

康熙通宝铸于清圣祖康熙年间（1662—1722 年）。钱径 2.5—2.7 厘米，重 3.8—5.5 克。钱面文字“康熙通宝”以楷书书写，从上而下而右而左直读。康熙通宝按照背面文字可以分成两大类。一类是仿“顺治四式”的满文钱。钱背是户、工两部所造的，用以左读的用满文写成“宝泉”“宝源”钱文。另外一类是仿“顺治五式”满汉文钱。钱背穿孔左边是满文局名，穿孔右边是汉文局名，共计有 22 个铸局。如果将其中主要的 20 局记名改为口诀便是：同福临东江、宣原苏蓟昌、南河宁广浙，台桂陕云漳。另外有甘肃巩昌局铸的“巩”字钱，山西省局铸的“西”字钱，这些品种都极为少见。以

上两类钱在制作上也与顺治钱相同，其钱径2.5—2.7厘米，重3.8—5.5克。康熙四十一年（1720年）又铸半重“轻钱”，便于折价使用，但流传于世的却不多。现在流存于世的都是些私铸钱，例如劣等小砂版、鹅眼钱等。另外还有少许数量的背铸星月的钱，还有合背钱、记地支钱、当十大钱等，虽然种类很多，但数量较少。

雍正通宝铸于清世宗雍正年间（1723—1735年）。钱径一般2.6—2.8厘米，重3.6—5.4克。雍正通宝钱是按顺治四式满文钱造的，钱面文字“雍正通宝”是用楷书书写而成，读法为自上而下从右向左的直读法。钱背文都用满文写成。钱背穿孔左边是满文“宝”字，穿孔右边是计局的满文，其局共计有20字（除户、工二部外，均为省局名，州、府局已废）：泉、源、巩、河、苏、广、昌、浙、陕、桂、福、云、南、台，武、黔、川、晋、济、安。雍正钱形态工整，规格统一，较清代其他钱币成品精、数量少，由此可知雍正钱法严谨。现今流传于世的还有贵州黔局大样钱一种，形制类折二钱，很少见。

乾隆通宝铸于清高宗乾隆年间（1736—1795年）。乾隆通宝钱径2.2—2.5厘米，重2.4—4.8克。钱面文字“乾隆通宝”以楷书书写，其字从上而下而右而左直读。钱背文字沿袭了雍正满文钱的样式，在穿孔左边有“宝”字，穿孔右边铸有各局名。乾隆通宝连宝泉、宝源在内先后有22局开铸，材质多用黄铜与青铜，同时也引进国外洋铜浇制法进行铸造。新疆地区新用方孔圆钱，开设伊犁、际克苏、叶尔羌、喀什葛尔等局，因用自产的红铜进行铸造，所以在名称上有“新疆红钱”或“普尔钱”之称（“普尔”，维语，即“钱”的意思）。乾隆通宝只少数钱背文能看见星号或汉字。这就使得乾隆通宝还有合面钱、吉语钱以及私铸劣质钱、鹅眼钱等，品类多而杂，但流传于世的较少，所以留存于世的有雕母数种极为珍贵。

第五章

雅俗共赏——古代钱币知多少

中国古代钱币极其广博丰富，除了正统的钱币外，一些特殊政权团体也存在不少别致的钱币，其在共性中凸显个性，形式多样，风格各异，可谓五彩缤纷，琳琅满目。所有古钱币史汇成了我国独特的钱币文化，其融入名言警句，诗词歌赋，成语典故，名人逸事，等等，形成了一枝另类的奇葩，佳境迭出，妙不可言。

第一节 主要农民政权所用钱币

现在可知的最早农民政权钱币

可知最早的农民政权钱币是北宋时期的“应运通宝”和“应运元宝”，北宋初期经济开始繁荣起来，统治者加深了对手工业者、农民和商人的剥削，特别是在有“天府之国”美誉的四川地区，北宋政府垄断了布、茶贸易，严重损害了小工商者的利益。于是在公元993年春天，四川青城的茶贩李顺和王一波，发动起义，提出了“均贫富”的口号。他们建立了政权，并且铸造了铁质和铜质的钱币。这就是现在我们所知道的最早的农民政权所铸造的第一批古代钱币，也就是“应运通宝”和“应运元宝”。这些钱币见证了农民政权的历史，丰富了我国的钱币文化，有着重要的历史地位。

元末农民政权的货币

元代末年社会矛盾变得尖锐。江淮等地先后爆发了徐寿辉、郭子兴等人领导的农民起义，这些起义沉重地打击了元朝统治者。这些起义除了与统治者进行军事斗争外，还有一个显著特点那就是进行经济斗争，与以往农民起义不大相同，遗留下来的许多起义军的钱币有力地证明了这一点。这些农民政权的钱币的共同特点就是铸造得极为精美、钱体厚重、铜质优良、书法造诣极高，它们的确是一些优质的钱币。在元朝以纸币为主要流通手段的情况下，起义军的这些优质的钱币，在流通中肯定是会受到欢迎的。也正因如此，才能在经济斗争中，起到压倒对方的作用，有利于战争的顺利进行。

1. 宋国钱币——龙凤通宝

龙凤通宝

元至正十五年（1355 年），刘福通迎立韩林儿尊为小明王，国号宋，建国号龙凤。韩宋政权铸有“龙凤通宝”铜钱，分为折三、小平、折二这三个等级。钱币质地良实钱体厚且重，此外，钱币上还有端庄工整的楷书字体。清代张端木就曾称赞它“字文遒美，铜质如金”。

2. 天元国钱币——太平通宝、天启通宝、天定通宝

元至正十一年，徐寿辉以蕲水为都城，建国号为天元，建元天启、太平、天定、治平等年号，曾经铸造过“天启通宝”“太平通宝”“天定通宝”三种钱币。这三种钱币的共同特点是，都是铜钱而且钱文都是用楷书撰写的。

3. 吴国公钱币——大中通宝

元庆至正十六年（1356 年），集庆路被朱元璋带军攻下，后改作应天府，以吴国公自称。至正二十一年，朱元璋在应天府命人铸造了大中通宝钱。朱元璋击败陈友谅后又颁布了大中通宝五等钱式铸钱。吴国公钱，即大中通宝钱在龙凤七年至反元胜利期间一直在市面上流通。这个时期，农民起义军的钱币共有五种，而且背面都没有钱文。明朝建立后所铸造的大中通宝，背面已经加铸钱文，如铸有“北平”和“福”等地名，这一时期所铸的大中通宝不属于农民起义的钱币。但是后世钱币研究者对于钱币背面有无钱文的现象并未给予重视。或者将无钱文者归为明太祖所铸钱币，或将有钱文者归入农民起义军钱币，这两种分类都是没有根据的。这种区别很多时候没有引起人们的注意，或将有背文者称为农民起义军钱币；或将无背文者归诸明太祖，脱离了反元斗争的历史背景，都是不正确的。

知识链接

明末农民政权钱币

1. 大顺国钱币——永昌通宝

李自成攻破西安，改国号大元，自称大顺王，建元永昌。其所铸钱币为“永昌通宝”，如现在所见的永昌通宝钱有在钱币上书写楷书，也有铜制背面无文字的。这些钱币在稳定经济方面起到了很好的作用。

2. 大西国钱币——大顺通宝、西王赏功钱

明代崇祯十六年（1643 年）五月，张献忠攻占武昌，称大西王。次年，攻下成都。后定国号为大西，建元大顺，铸有“大顺通宝”及“西王赏功钱”。大顺通宝铜钱分为背文有“工”、“户”、“川户”及无文字四种。都是印有楷书的铜钱。西王赏功钱，以“西王赏功”为文，是一种目的在于奖励有功者而铸造的钱形奖章，不是流通的钱币。大钱有金、银、铜三种。面文楷书，背无文。

太平天国及当时其他农民政权所铸钱币

1. 太平天国钱币

历史上的农民起义军中，太平天国维持时间最长，控制地域辽阔，影响最大。其间曾经铸造钱币。除太平天国外，还有小刀会、广西大成国遵义号军等都铸有钱币。太平天国期间铸造了很多种类的钱币，根据钱文书体可以

分为三类：楷书字钱类、宋体字钱类、隐起文钱类。

2. 金钱会的钱币

清代咸丰八年（1858 年），赵起、周荣等浙江省平阳县钱仓镇人成立金钱会。起事后的金钱会主要在折江、福建一带活动。金钱会曾铸一种标为金钱义记会签的钱。这种钱币都为铜钱，面文相同，但分大小两种，钱币背文有很多种。

3. 大成国钱币

清代咸丰四年（1854 年），广东天地会何禄、李文茂、陈显良等分别起事，后转移到广西，建立了大成国，即定都浔阳，改称秀京，建元洪德。所铸钱有平靖通宝钱及平靖胜宝钱两种类型。这两种钱币都是铜钱。

第二节　少数民族钱币

中国共有 56 个民族。由于汉族人口占大多数且广泛分布，习惯上把其余 55 个民族称为少数民族。中华民族的分布具有，大散居、小聚居，交错分布的特点。汉族人口遍及全国各地，除少数分散在各地与少数民族共同杂居以外，主要集中于黄河、长江、珠江三大流域和松辽平原地区。

少数民族聚居地主要位于我国的东北、西北、西南边疆地区，剩余少部分散落在全国各地与汉族人杂居。少数民族与汉族杂居的状况，既促进了各民族间的交流和学习，又形成了互帮互助、不可分割的密切关系。民族货币就是边远地区少数民族自己铸造，基本在本地区使用流通的货币。少数民族

由于人数较少，地处偏远，货币流通范围自然有限，发行量一般也都不大，而且铸造时间不是很长，有些民族用本民族的文字或与汉文合璧铸造的货币，是极罕见的珍稀品种。

新疆及周边的古钱币

于阗汉文钱。东汉明帝时（58 年），于阗（今和田）地区的广德王兼并了葱岭以东的 13 个小国，成为丝绸之路南道的地方势力。19 世纪末至 20 世纪初，在于阗遗址出土了 7 枚长方孔的圆形钱币（6 枚现藏于英国大英博物馆，1 枚藏于斯德哥尔摩人类文化学博物馆），钱文为汉文篆写的“于元”二字，即于阗元钱的意思，重量在 1. 75—3. 9 克之间，最小的一枚，重 1. 2 克。这是新疆边远少数民族迄今发现最古老的地方货币。汉之篆文，说明中原文化在汉朝（前 202—220 年）时已深刻影响了民族地区。

汉怯二体钱（和田马钱），少数圆形无孔，一面是篆书汉文，另一面的中间是一匹马或一匹骆驼，周围是一圈怯卢文，译成中文是“大王矩伽罗某王中之王”，这里的“矩伽罗”是王族的姓氏，“某”是王的名字，背面是汉文“六铢钱”。因钱上有马（或骆驼），又多出土于和田（古于阗）一带，故俗称和田马钱。旅顺博物馆收藏有 11 枚和田马钱，钱分二级，一级直径 1. 7—2. 2 厘米，重 2. 08—5. 13 克，多数在 3—4 克之间。另一级的直径 2. 4 厘米，重 14. 14 克。其面上图、文与上边的一样，背面中间一图形，四周为汉文“铜钱重廿四铢”。和田马钱是用打压法制成，其铸行时间，应在公元 175 年于阗王安国攻破拘弥，国势大振以后。这种货币从 1874 年被发现，到 1925 年共出土了 352 枚，令人遗憾的是只有 12 枚在中国的博物馆收藏，其他的分散在英国、印度和苏联。1989 年新疆安迪尔又出土 1 枚，现存二体钱的总数 353 枚，国内仅有 13 枚，十分珍贵。

和田马钱

汉龟二体钱。1928 年以来，在新疆以库车为中心的地区，不断发现一

种红铜方孔圆形小钱，1986 年在一个高台下，出土了 1 万多枚。这些钱分三类：第一类钱面穿右“五”穿左“铢”，有内外廓，直径 1. 8—2 厘米，重 1. 6—2 克；第二类数量最多，背五铢，有的面背都有内外廓，有的背无内郭，直径 1. 3—2 厘米，重 0. 9—2. 1 克；第三类面光背，直径 0. 5—0. 6 厘米，重 1. 1 克。此钱面文是龟兹文，称“龟兹五铢”，也称为“汉龟二体钱”，是公元三四世纪至七世纪中叶，古龟兹国的法定货币。库车古称龟兹，是中国汉唐时期西域 36 国中的大国之一。汉唐时期的中央政府大多把龟兹作为当地的政治中心，是联系和沟通亚欧大陆的桥梁，也是中西文化的交汇点，因此成为古丝绸之路上的重镇。悠久的历史文化和丰富的人文遗产，使它成为举世闻名的龟兹文化的发祥地。汉龟二体钱是龟兹与中原文化、经济交流的产物，它与丝绸之路南道的汉佉二体钱，南北相映成趣。

回鹘文铜钱

据考证回鹘是维吾尔族的祖先，西州回鹘是 9 世纪中叶西迁回鹘的一支。维吾尔族的祖先在以吐鲁番和北庭（今吉木萨尔县）为中心建立的封建政权，又称高昌回鹘、阿萨兰回鹘，与中原政权辽朝、宋朝都有频繁的交往，使用唐朝开元历法。目前所见最早的回鹘钱，是方孔圆形，直径 2. 3 厘米，是回鹘文“有名望的、神圣的天可汗”，背文是“奉王命颁行”，为铜质，直径 20 毫米，重 2. 3 克。为回鹘文，汉译“圣命准予通行”，背为光背，现在存世甚少。9 世纪中叶，回鹘迁至高昌（今吐鲁番），以北庭为夏都，北庭即是发现这枚铜钱的吉木萨尔。这枚钱币的铸造、流通时间，应该在 9 世纪中叶至 10 世纪上半纪。高昌回鹘后期的铜币，在中国上海、天津各有 1 枚，直径 2 厘米，重 2. 3 克，形式和上述的完全一样，只是背无文。

黑汗朝钱。黑汗朝亦称喀喇汗朝，“喀喇”在回鹘语中意为“黑”。黑汗朝大约建于 10 世纪上半叶，采用阿拉伯文字拼写自己的语言。目前发现的有阿图什出土的马斯乌德钱币、穆罕默德阿尔斯兰汗钱币和桃花石可汗钱币，均为红铜质。黑汗朝钱《宋史》有载，圆形无孔，两面有打压出的阿拉伯文科斐体文字。正面意为“除了安拉别无真主，穆罕默德是安拉使者”，背面意为“寻求安拉保护者穆罕默德阿尔斯兰汗”，有的背文是“苏莱曼卡得尔桃花石可汗”。这种钱的直径 2. 2—3. 3 厘米，重 2. 6—7. 95 克，出土的数量较多，

范围包括塔里木盆地南缘的不少地方。

准噶尔普尔钱。清朝《皇舆西域图志》中提到"普尔钱"："回部旧属准噶尔，所用普尔钱文，质以红铜为之，制小而厚。形圆椭而首微锐，中无方孔。当策妄阿剌布坦时，面铸其名，背附回字。噶尔丹策零嗣立，即易名更铸。乾隆二十四年，西域底定，更铸钱文，初仍旧式，后改如内地，面镌乾隆通宝汉字，而以设局地名附于背。"

准噶尔是清时蒙古四部之一，在新疆天山北路游牧。准噶尔后来以伊犁为中心，兼并厄鲁特其余三部，势力达到天山南路。上层贵族噶尔丹上台后，曾勾结沙俄势力制造分裂，破坏统一，并且在沙俄的支持下，入侵蒙古地区，直接威胁到清政府的安全。清政府从康熙时就不断用兵，到乾隆二十二年（1757 年）时，才最后将其平定。乾隆二十四年，铸普尔钱，都是用红铜铸成，钱体不大，但很重，每枚约 7 克，呈椭圆形，首尖锐，类似桃核。一般分两种：一种铭文为蒙文，另一种为察合台文。察合台为成吉思汗次子，是察合台汗国的建立者，这个汗国曾兼有天山南北路地方。察合台文是用阿拉伯字母拼写的波斯语的维吾尔文。这两种钱的正面，一是"策妄"，一是"噶尔丹策零"二人的名字。两种钱背均为察合台文"叶尔羌铸造"。叶尔羌为今新疆的莎车。乾隆平定准噶尔汗国以后，在短时内按老式样铸过普尔钱，以后才改铸如内地的方孔钱、有汉字的"乾隆通宝"，铸局的地名仍镌在背面。这种"乾隆通宝"，仍称普尔。普尔是维吾尔语，意译即为"钱"字。

新疆普尔钱

新疆普尔钱。这种钱用红铜铸造。乾隆平定准噶尔后，首次铸面为汉文、背为满文和维文的"乾隆通宝"，仍沿用红铜，故称红钱，也称新普尔钱。这是方孔红钱

的开端，一直到清末宣统年间，新疆所铸之钱，大体均用红铜，所以皆称为红钱。

《故宫清钱谱》载有部颁样钱和铸钱经过：“乾隆二十四年，以回部既平，从将军兆惠之请，开局于叶尔羌城。由户部颁发钱式，仍用红铜，每文重二钱。文为乾隆通宝用汉文，背铸叶尔羌城名。”乾隆二十二年平定准噶尔判乱，以后又派官增兵，进驻新疆，当时新疆各地驻兵1万多人。为了应付军政开支和发展当地的经济贸易，乾隆二十四年，将军兆惠请求在叶尔羌开局铸钱。兆惠曾为清朝户部侍郎、参赞大臣，平叛有功，驻伊犁，被封为一等武毅谋勇公。乾隆答应了他的请求，当年就在叶尔羌开局，用部颁样钱，铸面文为“乾隆通宝”的方孔红钱。背文穿右是维吾尔文“叶尔羌”，穿左满文，因当时译音不准确，铸成了“叶尔奇木”，两年以后才改为“叶尔羌”。

热西丁汗钱。这种钱圆形方孔，直径2.3—2.4厘米。两面均有察合台文钱文，面文“赛伊德哈孜热西丁汗”，背文“京城库车制造”。有的铸有回文纪年。

天罡银币。新疆境内的银币称天罡，始于阿古柏时期。同治六年（1867年），民族分裂主义分子阿古柏在国外势力的支持下占领南疆，以喀什为首府，铸金、银、铜币，开始了新疆以金银铸钱的历史。后来阿古柏在维吾尔族人民和清军的打击下，兵败库尔勒，被其部下所杀。

察合台汗国货币

察合台汗国，在元朝是西北宗藩国，统治中亚地区的蒙古汗国。国势最盛时，疆域东至吐鲁番、罗布泊，西及阿母河，北到塔尔巴哈台山，南越兴都库什山。成吉思汗建国后，分蒙古民4000户属察合台；后分授诸子封地，察合台得到从维吾尔境一直延伸至河中的草原地区，这一带的城郭地区则由政府直接派官管辖。察合台汗国铸行的货币，有金、银、铜三种。银币是当地大量流通的传统货币。

西藏货币

清代乾隆五十七年（1792年），清廷行令西藏地方政府为了消除长期流

通于该地区的廓尔喀（尼泊尔）劣质银币，由时任中央政府驻藏大臣监督，铸造了地区性流通货币——“乾隆宝藏”。乾隆五十八年，清朝政府为了确保“乾隆宝藏”举动顺利实施，正式颁布《钦定藏内善后章程》，专立“钱法”一章，设“铸钱局（宝藏局）”于西藏，在当地铸造统一官钱，且详细说明新铸官钱式样、成色、折算比价及由驻藏大臣亲自监督等项。作为中国历史上首枚形制、重量、成色等皆由中央政府统一下达规定，由政府官员严格督造并广泛使用的银质铸币——“乾隆宝藏”，其产生具有重要意义。它不仅开启了中国近代官铸仿外银圆的先河，而且象征了中国政府对西藏地区已拥有自主权的威严。但“乾隆藏银”并不是在西藏地区唯一流通的货币，在此之前，还出现过其他种类的银币。

第三节
多少“钱币”诗词里

钱币文化与艺术的内容极其广博丰富。除了钱币实体内涵和外延所直接体现的各种文化和艺术，即钱币主体自身显示的原生性文化与艺术外，还包括游离于钱币实体之外、与钱币价值相关的派生性文化与艺术，即人们的钱币思想、认识、意识、观念等所形成的特色文化与艺术。这种文化艺术在钱币实体本身是见不到、摸不着的，但却是围绕钱币实体而派生出来的，并在各种文化艺术作品中得到充分体现。

古代诗词不离钱

诗词，或称诗歌，是文学的一种体裁，文学的重要形式之一。诗，中国古代称不合乐的为诗，合乐的为歌，现在一般统称为诗歌。词，诗歌的一种，

古代都合乐歌唱，多称为“曲”“杂曲”，句子长短不一，故也称长短句。作为一种文学体裁，它按照一定的音节、声调和韵律的要求，用凝练的语言、充沛的情感、丰富的想象力，高度集中地表现了社会生活和人的精神世界。中国诗词有着悠久的历史和丰富的遗产。在浩若烟海的文学史书著作中，历代文人学者借“特殊商品”钱币的园地，以新颖别致的诗词形式，记述史实，见证社会，反映生活，抒发情意，是中国传统文化的重要组成部分；它是钱币文化百花园里的一朵金色奇葩，是研究钱币文化与艺术极为珍贵的宝贵文献。今试简汇，仔细欣赏，可见与钱币实体外身关联的衍生性文化和与钱币价值相关的派生性文化的内容，是极其丰富多彩的。

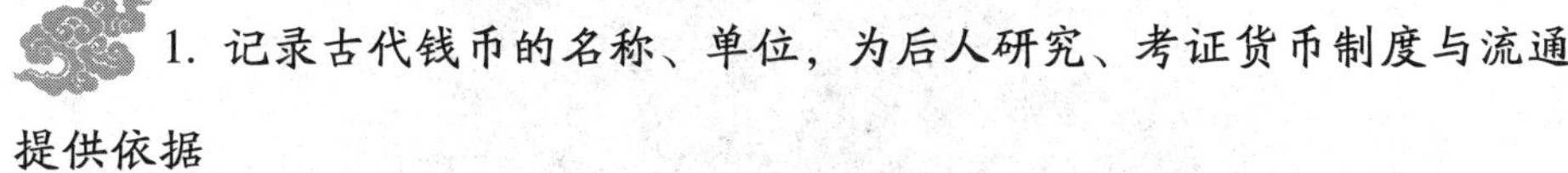

1. 记录古代钱币的名称、单位，为后人研究、考证货币制度与流通提供依据

“既见君子，锡我百朋”（《诗经》），其中的“朋”为最早的“贝”币单位，一朋为二贝或五贝。近人考证为十贝，“宝贝三堆难计数，十贝为朋不模糊”（郭沫若）。

“氓之蚩蚩，抱布贸丝，匪来贸丝，来即我谋”（《诗经》），其中的“布”即早期的钱币名称——布币。

“愿得一人心，白头不相离，男女重义气，何用钱刀为”（西汉・卓文君），其中的“钱刀”指战国时的刀币。

“黄金数百镒，白璧有几双”（唐・李白），“三毛催白发，百镒罄黄金”（唐・孟浩然），其中“镒”是古代货币重量单位，一镒为20两或24两。

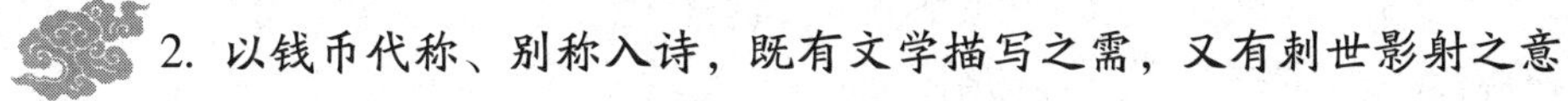

2. 以钱币代称、别称入诗，既有文学描写之需，又有刺世影射之意

“桃花颜色好如马，榆荚新开巧似钱”（北周・庾信），“榆荚纷纷掷乱钱，柳花相扑滚新绵”（北宋・韩琦），“怀盘饧粥春风冷，池馆榆钱夜雨新”（北宋・欧阳修）。其中“榆荚”是指汉代轻薄小钱“三铢”，似榆荚，称“榆荚钱”或“榆钱”“荚钱”。

“今日春光太漂荡，谢家轻絮沈郎钱”（唐・李商隐），“素奈花开西子面，绿榆枝散沈郎钱”（十国蜀・王建），“榆荚相催不知数，沈郎青钱夹城

西汉武帝阴文三铢残石范

路”（唐·李贺），其中“沈郎钱”是指南北朝时沈充所铸的又轻又小的“榆荚钱”。

“青钱买野竹”（唐·杜甫），“榆叶抛钱柳眉展，隔墙榆叶散青钱”（唐·白居易），“杖藜裹饭去匆匆，过眼青钱转手空”（宋·苏轼），其中“青钱”即青色铜钱。

“妻试踏青蚨”（唐·温庭筠），“囊里无青蚨，箧中有黄绢”（唐·佚名），其中“青蚨”是钱币的别称。

“管城子无食肉相，孔方兄有绝交书”（宋·黄庭坚），“方兄无势宁能热，穷鬼多羞衹自苞”（宋·胡寅），“孔兄正羞涩，趑趄色氤氲”（元·曹伯启），其中“孔方兄”“孔兄”是古代方孔钱的别称。

“爱酒苦无阿堵物，寻春那有主人家”（宋·张耒），其中“阿堵物”是晋朝王衍不愿说“钱”字而戏谑的代称。

“五铢半两日以变，榆荚鹅眼争相缘”（元·吴莱），其中“鹅眼”是指南朝“二铢”小钱，内作大孔，廓细如线，形同鹅眼。

3. 描写古代有的钱币制作精美，为使用、收藏者所重视和珍爱

“美人赠我金错刀，何以报之英琼瑶”（东汉·张衡），“一诺许他人，千金双错刀”（唐·李白），“金错囊徒罄，银壶酒易赊”（唐·杜甫）。“尔持金错刀，不入鹅眼贯”“闻道松醪贱，何须吝错刀”（唐·韩愈）。“次观金错刀，一刀平五千”“精铜不蠹蚀，肉好钩婉全”（北宋·梅尧臣）。其中的“金错刀”是王莽所铸的“一刀平五千”，币形奇特，工艺精湛。

“谪官无俸空无烟，惟拥琴书尽日眠。还有一般胜赵壹，囊中犹贮御书钱”（宋·王禹）。“御书钱”是指宋太宗用行书、草书、真书三种书体写的“淳化元宝”等钱文。“赵壹”是东汉人，曾写诗自遣：“文藉虽满腹，不如一囊钱。”

知识链接

有关怀古喻今的钱币诗词

“天下英雄气，千秋尚凛然，势分三足鼎，业复五铢钱。得相能开国，生儿不像贤，凄凉蜀故妓，来舞魏宫前”（唐·刘禹锡）。“须令民去思，如汉思五铢”（唐·胡澹庵）。其中“五铢”即汉五铢钱。

“半轮残月掩尘埃，依稀犹有开元字，想得清光未破时，卖尽人间不平事”（宋·佚名《破钱诗》），“三十六官人笑语，上前争索洗儿钱”（元·宋无），“金钗坠后无因见，藏得开元一捻痕”（金·李俊民）。其中“开元”是指唐“开元通宝”钱，背后有一个月牙纹，传说是杨贵妃或其他皇后的指甲痕，被称为“洗儿钱”。

4. 不满封建社会的贫富悬殊，历数货币金钱功过是非，既称赞不为金钱所动的高尚情操，又揭露、批判货币拜物教

“不炼金丹不坐禅，不为商贾不耕田。日来写就青山卖，不使人间造孽钱”（明·唐伯虎）。表达了画家以卖画为生、决不贪婪的高尚情操。

“个许微躯万事任，似泉流动利源深。平章事物无偏价，泛滥儿童有爱心。一饱莫充输白粟，五财同用愧黄金。可怜别号为赇赂，多少英雄就此沉”（明·沈周）。对当时封建社会进行了真实的描绘。

“腰缠十万贯，骑鹤上扬州”（南朝·殷芸）。描绘当时有人想当官、发财、成仙，反映了当时的货币经济现象，一千文钱为一贯。

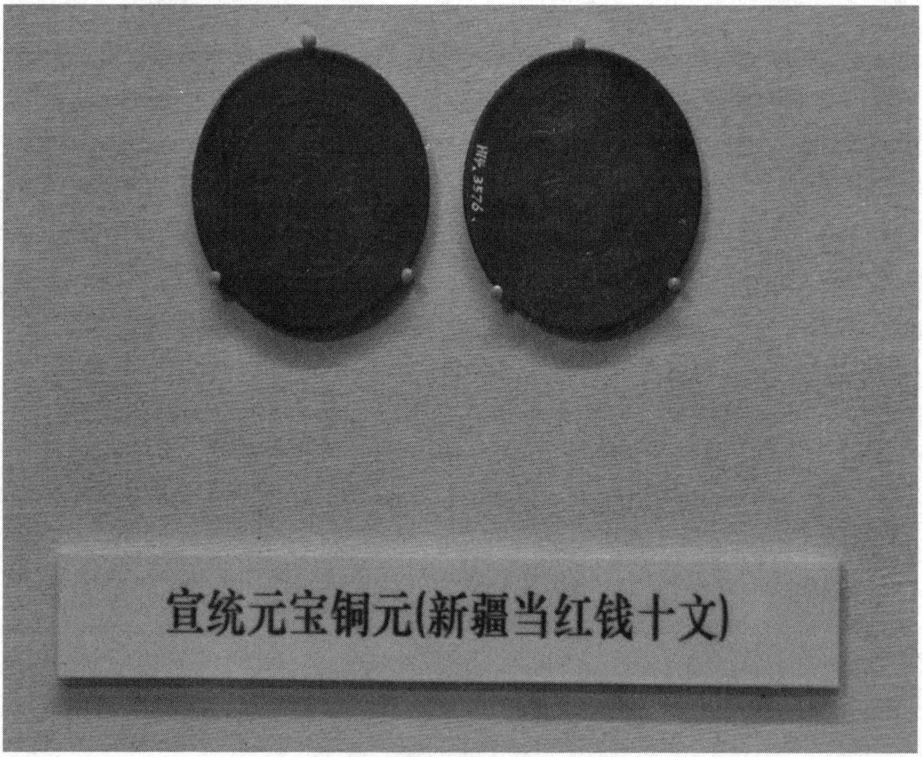

中国古代精美的钱币

5. 批评封建王朝利用货币盘剥人民，揭露豪门贵族聚敛钱财，荒淫无度，过着穷奢极欲的生活

“洛阳多钱郭氏室，夜月昼星富无匹”（东晋时的前秦民谣），是指东汉皇戚郭况拥有金钱无数，其家被称为“金穴”。

“廷尉狱，平如砥，有钱生，无钱死”（晋·民谣），是指晋朝掌刑狱的廷尉，借办案收受贿赂。

“富贵必因奸巧得，功名全仗邓通成”（明代的小说《金瓶梅》）。“邓通”，西汉上大夫，占据铜山，自铸钱币，钱币遍天下。“邓通”成为钱的代称。

“开元皇帝掌中怜，流落人间二十年。长说承天门上宴，百官楼下拾金钱”（明·张祐），是指唐代宫廷每遇喜庆事常用撒金钱让百官争捡来助兴。

“私家无钱炉，平地无铜山。胡为秋夏税，岁岁输铜钱。钱力日已重，农力日已殚。贱粜粟与麦，贱贸丝与绵。岁暮衣食尽，焉得无饥寒”（唐·白居易）。对唐朝的财政货币政策进行猛烈的抨击。

“三更趋役抵昏休，寒呻暑吟神鬼愁。从来鼓铸知多少，铜沙叠就城南道。钱成水运入京师，朝输暮给苦不支。海内如今半为监，农持斗粟却空归”（宋·孔平仲）。揭露了北宋王朝拼命铸钱，不顾人民死活。

“得钱行杖肤不伤，无钱流血满两裆”（清·陆嵩），揭露了清代官吏坐堂勒索钱财。

“钱”进名句带光环

名句，即公认的著名句子或短语。汉语规范称名词谓语句，包括判断句和以名词或名词性词组作为谓语的句子。早期语法的名句范围较广，多为两句三句连绵而流传于后世。古代的名人名句，纷披繁缛，多不胜数。但以名词“钱”入句的不多见。也许因为货币过“俗”钱不“雅”，以致少有“光顾”，不能与其他名词“平起平坐”。然而，在众多的文人志士之中，也有人不落俗套，不顾众忌，让“钱”登上名句“大雅之堂”。他们有着雅致的心情，宽阔的胸襟，远大的志向，将“钱”在名句中用得活灵活现，恰到好处，或吟天地景物，或咏品德情操，或刺炎凉世道，或喻生活境遇，都是千琢良玉，百炼精金，留给人们的是雕镂组绣，炫转荧煌，抽绎无穷，玩索不尽，在钱币派生性文化中具有独特的地位。

现将其精粹部分摘录汇集，形成一面古为今用的广角镜。仔细欣赏，反复对照，也许对丰富的钱币文化艺术有所启示、感悟。

1. 吟天地景物

宾阶绿钱满，客住紫苔生。

——南朝·沈约《冬节后至丞相第诣世子车中作》

清风朗月不用一钱买，玉山自倒非人推。——唐·李白《襄阳歌》

得钱即相觅，沽酒不复疑。忘形到尔汝，痛饮真吾师。

——唐·杜甫《醉时歌》

霜花草上大如钱，挥刀不入迷蒙天。——唐·李贺《北中寒》

长江春水绿堪染，莲叶出水大如钱。——唐·张籍《春别曲》

纵岫壁千寻，榆钱万叠，难买春留。——宋·万俟咏《木兰花慢》

秋气堪悲未必然，轻寒正是可人天。绿池落尽红蕖却，荷叶犹开最小钱。

——宋·杨万里《秋凉晚步》

江绕屋，水随船，买得风光不著钱。——宋·徐积《淮学得》

满地榆钱，不算难买春光住。——金·董解元《哨遍》

2. 咏品德情操

见客但倾酒，为官不爱钱。——唐·李白《赠崔秋浦三首》

人生贵相知，何必金与钱。——唐·李白《赠友人三首》

身多疾病思田里，邑有流亡愧俸钱。——唐·韦应物《寄李儋元锡》

文臣不爱钱，武官不惜死，天下太平矣。——《宋史·岳飞传》

学书费纸，犹胜饮酒费钱。——宋·欧阳修《学书费纸》

钱财如粪土，仁义值千金。——明·冯梦龙《警世通言》

吏肃惟遵法，官清不爱钱。——明·冯梦龙《古今小说》

3. 讽人生世道

痛不著身言忍之，钱不出家言与之。——汉·王符《潜夫论－救边》

文章虽满腹，不如一囊钱。——汉·赵壹《秦客传》

富家有钱驾大舸，贫穷取给行牒子。——唐·杜甫《最能行》

而今风物那堪画，县吏催钱夜打门。

——宋·苏轼《陈季常所蓄朱陈村嫁聚园二首》

面苍然，鬓皤然，满腹诗书不直钱。——宋·陆游《长相思》

黄纸蠲租白纸催，皂衣旁午下乡来。长官头脑冬烘甚，乞汝青钱买酒回。

——宋·范成大《冬日四园杂兴》

静夜家家闭户眠，满城风雨骤寒天。号呼卖卜谁家子，想欠明朝籴米钱。

——宋·范成大《夜坐有感》

不读书有权，不识字有钱，不晓事倒有人夸荐，老天只任忒心偏。

——元·无名氏《朝天子·志感》

钱到公事办，火到猪头烂。——清·吴敬梓《儒林外史》

广钱固可以通神。——清·程允升《幼学琼林－珍宝》

日中有钱人所羡，日夕饿死人谁怜。——清·屈复《邓通钱》

4. 喻生活世道

欲邀击筑悲歌饮，正值倾家无酒钱。——唐·李白《醉后赠从甥高镇》

安得务农息战斗，普天无吏横索钱。——唐·杜甫《昼梦》

十年种田滨五湖，十年遭涝尽为芜，频年井税常不足，今年缗钱为谁输。

——唐·丁仙芝《赠朱中书》

众中不敢分明语，暗掷金钱卜远人。——唐·于鹄《江南曲》

在官四年，数其蓄积，钱余于库，米余于廪。

——唐·韩愈《大原王公墓志铭》

左相日兴费万钱，饮如长鲸吸百川，御杯乐圣称避贤。

——唐·杜甫《饮中八仙歌》

中国汉语成语释“钱”

清朝钱币

成语，是熟语的一种，习惯使用的固定词组，在汉语词汇中，具有特殊性。有的约定俗成，有的是生僻古义；有的可以从字面理解，有的要知道来源和后来的用法才懂。钱币的产生，历史悠久。以“钱”“币”之意，概括组成词汇的固定结构，在汉语成语中不少见，许多还是常用的。弄清弄懂与“钱”“币”有关的成语，既可了解钱币的历史，提高理性认识，又可了解钱币衍生性文化的内容，还可熟悉钱币的掌故，增加奇闻趣味。这些成语，言简意赅，形象鲜明。认真体会，触类旁通，从而学会运用，为钱币文化提供精准的语言工具。为此，这里沙里淘金，撷取精华，分类综合，选录如下。

1. 以“钱”为名比喻行为事物

一钱不值——形容毫无价值。“一钱”，是指一文、一分或一枚钱币。

不名一钱——形容穷到极点，连一文钱也没有。《史记·佞幸列传》：“（邓通）竟不得名一钱，寄死人家。”汉·王充的《论衡·骨相》中记载：“（邓）通亡，寄死人家，不名一钱。”名，指占有；不名，指没有。

日食万钱——形容饮食极端奢侈。《晋书·何曾传》：“日食万钱，犹日无

下箸处。”

钱可通神——形容金钱魔力之大。唐·张固在《悠闲鼓吹》中记载：“唐张延赏追查一大案时，发现桌上有一张纸条，上面写着：‘钱三万贯，乞不问此狱。’张初不理会。后又有一张纸条上写着：‘十万贯。’从此张不再追问。别人问他，张说：‘钱十万，可通神矣，无不可回之事，吾惧祸及，不得不止’。”

爱钱如命——吝惜钱财就像吝惜自己的生命一样。形容有的人吝啬、贪婪、刻薄，又作“爱财如命”。

钱令智昏——形容因贪婪钱财而失去理智，不辨是非。又作“利令智昏”。

多钱善贾——本钱多，生意就做得开，后来用于形容有钱势、有手腕的人善于钻营，也比喻有所凭借，事情容易办成。《韩非子·五蠹》中记载：“鄙谚曰：长袖善舞，多钱善贾，此言多资之易为工也。”又作“多财善贾”。

2. 借钱币单位、名称进行会意隐喻

铢积寸累——形容事物完成得不容易。宋代苏轼的《裙靴铭》中记载：“寒女之丝，铢积寸累。”铢，古代钱币单位，二十四铢为一两。

不差累黍——形容丝毫不差。累黍，古代两种微小的重量单位。是古代钱币的重量，十黍为一累，十累为一铢。

锱铢必较——形容极其吝啬，对很少的钱都要计较。《荀子·富国》中记载：“割国之锱铢以赂之，则割定而欲无厌。”锱、铢，古代重量单位，用于钱币，六铢为一锱，四锱为一两。

版版六十四——比喻为人固执呆板，不知变通，不灵活。版，古代铸钱的模子。宋代铸钱币，每版有六十四枚。清代的范寅曾说：“版版六十四，铸钱定例也，喻不活。”

此地无银三百两——比喻想要隐瞒、掩饰，结果反而愈加暴露。有一个民间故事是这样的：有人把银钱埋在地里，上面写个字条“此地无银三百两”。邻人王二看见字条后把银子偷走，也写个字条“隔壁王二不曾偷”。两是古代钱币的重量单位。

3. 用钱币的名称、数量描绘事物行为

豁然贯通——一下子搞通了。宋代朱熹的《大学章句》中说："至于用力之久，而一旦豁然贯通焉。"贯，即用绳子穿钱，千文串成一串。贯通是从用绳索串线之意演化而来的。

融会贯通——把各方面的知识或道理融合贯穿起来，从而能够全面透彻地理解。

全神贯注——形容注意力高度集中。贯注，即古代用绳索穿钱集中在方孔一点。

恶贯满盈——形容罪大恶极。《快心编》中说："希宁父子，恶贯满盈，天怒神怨。"满贯，即绳索穿钱，千文一贯，无可再增。罪孽深重，就像穿钱已穿满一串而有余。

半吊子——形容那些说话做事不实在、对知识技术一知半解、办事有始无终的人。清代称钱千文一贯，为一串或一吊，五百文为半吊。

千万买邻——形容好邻居非常可贵。《南史·吕僧珍传》中说："初，宋季雅罢南康郡，市宅，居僧珍宅侧。僧珍问宅价，曰：一千一百万。怪其贵。季雅曰：一百万买宅，一千万买邻。"

多藏厚亡——指金钱财宝储藏得多，往往会招致很大的损失。《老子》中说："多藏必厚亡。"

4. 根据金钱的多少形容富有和贫困

万贯家财——形容金钱非常多。"万贯"为千万文。

腰缠万贯——形容拥有很多钱。陶宗仪的《说乳·殷芸小说》中说："腰缠十万贯，骑鹤上扬州。"

一掷千金——原指赌博时一注投下千金，后用来形容任意挥霍、奢侈豪华。唐代李白的诗中说："莫惜连船沽美酒，千金一掷买芳春。"唐代吴象的诗中说："一掷千金浑是胆，家无四壁不知贫。"

床头金尽——形容陷入贫困的境地，连床头的钱都用完了。唐代张籍的诗中说："君不见床头黄金尽，壮士无颜色。"

挥金如土——形容极端挥霍浪费，花钱像撒泥土一样。

金玉满堂——原来形容占有很多金银钱财，后来也比喻人很有才能，学识丰富。《老子》中说：“金玉满堂，莫之能守。”

堆金积玉——形容富人占有金银财宝极多。唐代李贺的诗中说：“堆金积玉夸豪毅。”

名胜楹联也爱钱

楹联，亦称对联，是中国人民群众喜闻乐见的富有民族特色的文学艺术形式。它源远流长，被人们广泛应用，楹联文化大放异彩。在数不胜数的名胜古迹处，作为一种建筑装饰和文学奇葩，楹联佳作，将历史、地理、

光绪元宝

政治、经济、军事、哲学、文学、宗教、自然等方面的丰富知识熔于一炉，更是丰富多彩，琳琅满目。然而，以“钱”“币”之意入联的，在浩如烟海的楹联中很少能见到。不过也有少数抒怀深沉的文人，用精巧灵妙的情思、新颖独到的意境，将“钱”“币”引入堂堂正正的名联妙对，其手法自然，辞切情真，隐喻曲折，用典恰当，具有较高的艺术水平，不仅给人以健康有益的启迪和美的享受，也使这朵奇葩在钱币派生性文化艺术园地里别具风采。

现从有“钱”“币”之意的名胜楹联中选取部分汇集如下，也许有助于对钱币派生性文化与艺术的进一步理解。

1. 借“钱”评价名人的品德情操

（1）浙江杭州的岳王庙，是宋代民族英雄岳飞的纪念地。有多副对联，其中忠烈祠有一联：

不爱钱，不惜命，乃太平根基，名将名言，贪婪长跽跪；

取束刍，取缕麻，定斩徇军律，保民保国，正气壮湖山。

岳飞的墓边又有一联：

天下太平，文官不爱钱，武官不惜死；

乾坤正气，在下为岳河，在上为日星。

（注：岳飞生前有至理名言：“文官不爱钱，武官不惜死，则天下太平矣。”）

（2）河南汤阳县城岳飞庙，大殿的门联有清何金寿集文天祥、杨继盛的诗句：

人生自古谁无死？

第一功名不爱钱。

又有涂又光题写的对联：

撼山易，撼军难，民族长城，君王自坏；

不爱钱，不惜死，前贤遗训，后世当知。

（3）湖北武汉市岳飞亭，有岳飞的半身遗像石碑。亭中有联：

撼山抑何易，撼军抑何难，

愿忠魂常镇荆湖，护持江淮雄风，大业先从三户起；

文官不爱钱，武官不怕死，

奉说论复兴国家，留得乾坤正气，新猷端自四维张。

江苏扬州有明末抗清名将史可法的祠墓。史可法守卫扬州时力拒诱降，不屈被害。清代陈榕门撰写的对联：

佩鄂国至言，不爱钱，不惜命；

与文山比烈，日取义，日成仁。

（注：岳飞的谥号是“鄂国公”。）

2. 讲“钱”感悟社会历史的变迁

（1）河南汤阳县城岳飞庙，有吴栋梁题写的对联：

文官不爱钱，武官不惜死，果如公言，宋室何至南渡；

罪名莫须有，忠冢栖霞山，长留人愿，国魂几时北来。

又有刘大伟题写的对联：

文官不爱钱，武官不惜死，

求太平盛世有良方，壮哉！二言可鉴忠心一片；

君言莫征战，相言莫须有，

存精忠报国苦无门，昏哉！三字炼冤狱千秋。

（注：宋代的秦桧曾以“莫须有”的罪名害死岳飞。）

（2）江苏淮安市漂母祠，祭祀供奉曾给韩信饭食的漂母。有李勗撰写的对联：

进食拯英雄，讵知鹿逐秦邦，开炎汉四百年基业；

辞金明义利，又见鸠江淮浦，报贤母千万祀馨香。

（注：“辞金”，是指韩信富贵后，以千金报答漂母，漂母不受。）

（3）在安徽亳县汉末名医华佗的故里有华佗庵。华佗因不从曹操征召，遂为其所杀。有对联：

元龙币聘以来，泽被广陵，到此日青囊未尽；

孟德头颅安在？烟销漳水，让先生碧血常新。

（注：“币聘”，是指东汉太守陈元龙曾持货币请华佗为其治病。“孟德”，是指曹操字孟德。）

知识链接

用“钱”暗示人生际遇

（1）江苏江宁县清代文人袁枚的别墅随园，有门联：

柴米油盐酱醋茶，除却神仙不少得；

孝悌忠信礼义廉，没有铜钱可做来。

（2）甘肃有兰州市的五泉山，山间层楼叠阁，殿宇宏伟，槐柳遮道，溪流如带，给人以清新幽静之感。其中太昊宫有清代刘果斋撰写的对联：

我问你是谒庙？是游山？谒庙须敬，游山须雅；

谁到此不花钱？不吃酒？花钱莫浪，吃酒莫狂。

（3）福建省福州市的鼓山涌泉寺，是驰名南洋的佛教丛林。有清代王廷桢撰写的书：

日日携空布袋，少米无钱，

却剩得大肚宽肠，不知众檀越，

信心时用何物供养；

年年坐冷山门，接张待李，

总见他欢天喜地，请问这头陀，

得意处是什么来由。

另有一联：

手上只一金元，你也求，他也求，未知给谁是好；

心中无半点事，朝来拜，夕来拜，究竟为何理由。

3. 以“钱”描写天地的自然景物

江苏省苏州市有现存历史最久的古园林沧浪亭。园外水景与园内山景自

然结合，相映成趣。清代的齐梅麓撰写的对联：

四万青钱，明月清风今有价。

一双白璧，诗人名将古无俦。

（注：相传北宋的苏舜钦买此园花了“四万青钱”。后欧阳修作诗：“清风明月本无价，可惜只卖四万钱。”）

图片授权

全景网

壹图网

中华图片库

林静文化摄影部

敬 启

本书图片的编选，参阅了一些网站和公共图库。由于联系上的困难，我们与部分入选图片的作者未能取得联系，谨致深深的歉意。敬请图片原作者见到本书后，及时与我们联系，以便我们按国家有关规定支付稿酬并赠送样书。

联系邮箱：932389463@ qq. com

参考书目

1. 胡金华．河北古代钱币的发现与研究［M］．北京：科学出版社，2011.
2. 戴建兵．中国货币文化史［M］．济南：山东画报出版社，2011.
3. 王昭迈．东周货币史［M］．石家庄：河北科技出版社，2011.
4. 李强．中国古代钱币赏玩［M］．长沙：湖南美术出版社，2009.
5. 高英民，王雪农．古代货币/20 世纪中国文物考古发现与研究丛书［M］．北京：文物出版社，2008.
6. 李强主．中国古代钱币赏玩［M］．长沙：湖南美术出版社，2008.
7. 郑瑾．中国古代伪币研究［M］．杭州：浙江大学出版社，2007.
8. 彭信威．中国货币史［M］．上海：上海人民出版社，2007.
9. 高英民．中国古代钱币［M］．北京：学苑出版社，2007.
10. 朱耀廷，韩建业，王浩．中国古代钱币［M］．北京：北京大学出版社，2007.
11. 昭明，马利清．中国古代货币［M］．南昌：百花文艺出版社，2007.
12. 王献唐．中国古代货币通考［M］．青岛：青岛出版社，2006.
13. 汪圣铎．两宋货币史［M］．北京：社会科学文献出版社，2003.
14. 叶世昌等．中国货币理论史［M］．厦门：厦门大学出版社，2003.
15. 宋敘．西汉货币史［M］．香港：香港中文大学出版社，2002.
16. 金开诚．中国文化知识读本——古代钱币［M］．长春：吉林出版集团有限责任公司，1970.

中国传统风俗文化丛书

一、古代人物系列（9 本）

1. 中国古代乞丐
2. 中国古代道士
3. 中国古代名帝
4. 中国古代名将
5. 中国古代名相
6. 中国古代文人
7. 中国古代高僧
8. 中国古代太监
9. 中国古代侠士

二、古代民俗系列（8 本）

1. 中国古代民俗
2. 中国古代玩具
3. 中国古代服饰
4. 中国古代丧葬
5. 中国古代节日
6. 中国古代面具
7. 中国古代祭祀
8. 中国古代剪纸

三、古代收藏系列（16 本）

1. 中国古代金银器
2. 中国古代漆器
3. 中国古代藏书
4. 中国古代石雕
5. 中国古代雕刻
6. 中国古代书法
7. 中国古代木雕
8. 中国古代玉器
9. 中国古代青铜器
10. 中国古代瓷器
11. 中国古代钱币
12. 中国古代酒具
13. 中国古代家具
14. 中国古代陶器
15. 中国古代年画
16. 中国古代砖雕

四、古代建筑系列（12 本）

1. 中国古代建筑
2. 中国古代城墙
3. 中国古代陵墓
4. 中国古代砖瓦
5. 中国古代桥梁
6. 中国古塔
7. 中国古镇
8. 中国古代楼阁
9. 中国古都
10. 中国古代长城
11. 中国古代宫殿
12. 中国古代寺庙

五、古代科学技术系列（14 本）

1. 中国古代科技
2. 中国古代农业
3. 中国古代水利
4. 中国古代医学
5. 中国古代版画
6. 中国古代养殖
7. 中国古代船舶
8. 中国古代兵器
9. 中国古代纺织与印染
10. 中国古代农具
11. 中国古代园艺
12. 中国古代天文历法
13. 中国古代印刷
14. 中国古代地理

六、古代政治经济制度系列（13 本）

1. 中国古代经济
2. 中国古代科举
3. 中国古代邮驿
4. 中国古代赋税
5. 中国古代关隘
6. 中国古代交通
7. 中国古代商号
8. 中国古代官制
9. 中国古代航海
10. 中国古代贸易
11. 中国古代军队
12. 中国古代法律
13. 中国古代战争

七、古代文化系列（17 本）

1. 中国古代婚姻
2. 中国古代武术
3. 中国古代城市
4. 中国古代教育
5. 中国古代家训
6. 中国古代书院
7. 中国古代典籍
8. 中国古代石窟
9. 中国古代战场
10. 中国古代礼仪
11. 中国古村落
12. 中国古代体育
13. 中国古代姓氏
14. 中国古代文房四宝
15. 中国古代饮食
16. 中国古代娱乐
17. 中国古代兵书

八、古代艺术系列（11 本）

1. 中国古代艺术
2. 中国古代戏曲
3. 中国古代绘画
4. 中国古代音乐
5. 中国古代文学
6. 中国古代乐器
7. 中国古代刺绣
8. 中国古代碑刻
9. 中国古代舞蹈
10. 中国古代篆刻
11. 中国古代杂技